高等师范院校教师教育系列教材

陕 西 师 范 大 学 教 务 处 组 织 编 写
主任 赵 彬 副主任 党怀兴 李贵安 石 云

学科教育实习指南
语 文

主　编　马守君
副主编　高　玲　贺卫东
编　者　马守君　高　玲　宋泽华　贾文娟
　　　　龚　欢　那朝霞　丛晓妍　桑　宁

陕西师范大学出版总社有限公司

图书代号   JC11N0710

图书在版编目(CIP)数据

学科教育实习指南.语文/马守君主编.—西安:陕西师范大学出版
总社有限公司,2012.4
ISBN 978 - 7 - 5613 - 5704 - 0

Ⅰ.①学… Ⅱ.①马… Ⅲ.①语文教学—教育实习—师范大学
—教材 Ⅳ.①G652.44

中国版本图书馆 CIP 数据核字(2011)第 160936 号

学科教育实习指南 语文

主 编 /	马守君
责任编辑 /	谢勇蝶
责任校对 /	王 征
封面设计 /	安 梁
出版发行 /	陕西师范大学出版总社有限公司
	(西安市长安南路 199 号 邮编 710062)
网 址 /	http://www.snupg.com
经 销 /	新华书店
印 刷 /	西安永琛快速印务责任有限公司
开 本 /	787mm×1092mm 1/16
印 张 /	11.75
字 数 /	173 千
版 次 /	2012 年 4 月第 1 版
印 次 /	2012 年 4 月第 1 次印刷
书 号 /	ISBN 978 - 7 - 5613 - 5704 - 0
定 价 /	21.00 元

读者购书、书店添货或发现印刷装订问题,请与本社高教出版分社联系、调换。
电 话:(029)85303622(传真) 85307864

高等师范院校教师教育系列教材

编委会

（以姓名拼音音序为序）

陕西师范大学教师教育教材建设项目立项并资助

序言

　　教育实习是培养师范生教育教学能力和教师职业情感的重要环节,是师范生必修的一门重要实践课程。教育实习的质量和效果,对于培养造就优秀教师和未来教育家,具有十分重要的意义。作为教育部直属师范大学,陕西师范大学历来高度重视师范生的教学实践能力提升,学校依托国家"985"教师教育优势学科创新平台建成了国内一流的教师专业能力发展中心,全面服务于免费师范生的培养。譬如在师范生实习前组织举办"免费师范生教学能力大赛",提升师范生的教学实践能力,为师范生教育实习的顺利开展奠定基础。学校以国家实施师范生免费教育为契机,认真贯彻落实《教育部关于大力推进师范生实习支教工作的意见》,努力深化实践教学改革,积极创新实践教学体制,取得了显著的教育实习工作成效。如制定和完善了《陕西师范大学免费师范生教育实习实施方案(试行)》和《陕西师范大学免费师范生教育实习经费管理办法》等系列实践教学制度;组织建立了校内和校外双重的教育实习管理机构,形成了"区域集中、分片管理、两级指导"的教育实习工作机制,确立了多学科专业混合编组与单一学科专业编组相结合的教育实习组织方式;以在陕西、青海、宁夏、甘肃、新疆、西藏等西部六省(区)开展教师教育创新实验区共建活动为依托,建立了300余个师范生教育教学实践基地;聘请了400余名具有中高级职称的中学教师为学校学科教学兼职教师,与学校学科教学论教师一起,共同承担免费师范生教育实习的指导工作,并探索了定期与不定期、实地与远程、通识与专业相结合的教育实习指导模式;组织开展了"免费师范生教学设计暨多媒体课件"展示大赛、"我的实习故事"征文大赛、"我的实习故事"摄影大赛、"我的实习故事"DV原创大赛等多样化的教育实习总结活动。可以说,我校师范生良好的综合素养和扎实的教育教学能力,受到了有关教育行政部门、实习学校师生的普遍欢迎和良好评价。

　　为进一步加强对师范生教育实习的指导,促进教育实习指导工作的规范化、系统化和科学化,学校教务处组织编写了这套面向各学科在校师范生教育实习的指导丛书,系统阐述教育实习的目的意义、任务要求、具体操作、总结反思等方面的内容。经过认真讨论,丛书书名确定为"学科教育实习指南",以期对师范生的教育实习起到指南作用,有效提升教育实习质量。为增强丛书的实践指导性,教务处组织校内外具有丰富教育实习工作经验的学科教学教师和有关中学优秀教师一起进行丛书的编写,确保丛书如实反映教师教育和基础教育的实际需求,促进师范生教育实习质量的全面提升。

在丛书编写中,编者们紧扣师范生教育实习需求,努力追求丛书的科学、简洁、实用,力争使丛书成为师范生教育实习的良师益友。综观本套丛书,主要呈现出四个方面的特点。第一,理念新颖。编者们注意将当前基础教育课程改革的新理念和新要求融入师范生教育实习中,并积极吸纳教师教育研究的最新成果,有效提升了教育实习理论与实践工作的创新性,对于师范生教师专业能力的成长将起到积极的促进作用。第二,内容全面。丛书以教育实习的时间序列为主线,分专题对教育实习工作进行了介绍,主要包括走近实习——准备做教师,进入学校——全面了解教师,教学实习——学做合格教师,教育管理——学做教育管理者,教育调研——学做研究型教师,总结评定——争做优秀教师等六个方面,使师范生对教育实习的理论与实践有一个全面系统的了解和把握,从而对教育实习做到心中有数。第三,针对性强。丛书分学科进行编写,较好地体现了各学科教育实习的具体特性,使各学科师范生都能得到具体有效的实习指导。同时,丛书编写立足教育实习实践,积极回应教育实习一线呼声,努力解决了师生关注的一些教育实习重点和难点问题。第四,实践操作性强。丛书编写务实,对教育实习准备、教学实习、班主任工作、教育科研和实习总结等各项工作的实施程序与操作步骤给予了细致说明,并附相应实例,使师范生对教育实习工作的理解和认识形象直观,易于操作。

经过众多专家、学者和教师的共同努力,这套共15本的学科教育实习指南丛书终于付梓了,希望能对在校师范生的教育实习以及其他有志做教师同志的教学能力提升提供一定的帮助。当然,人们对教育实习理论与实践的认识是一个逐步深化的过程,丛书对教育实习的一些理论与实践问题的分析和讨论,自然还有值得讨论之处,所以敬请广大读者不吝批评指正,以期今后修订时完善。在此,我谨代表编委会对为这套丛书的编写和出版,付出辛勤劳动的各位领导、专家和同志表示衷心的感谢。

陕西师范大学　赵彬
2012年3月

目　录

专题五　教育调研

专题六　总结评定

参考文献

后记

专题一

走近实习

我已经准备好了

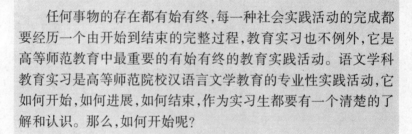

任何事物的存在都有始有终,每一种社会实践活动的完成都要经历一个由开始到结束的完整过程,教育实习也不例外,它是高等师范教育中最重要的有始有终的教育实践活动。语文学科教育实习是高等师范院校汉语言文学教育的专业性实践活动,它如何开始,如何进展,如何结束,作为实习生都要有一个清楚的了解和认识。那么,如何开始呢?

一、了解教育实习在教师
教育过程中的重要性

教育实习是高等师范教育的重要组成部分,是理论与实践相结合原则下的具有综合实践特性的教学环节,是师范生素质培养系统中的一个重要的实践性环节,也是全面检验和进一步提高师范院校教育质量、培养合格的人民教师的必要措施。它对确保师范生的培养规格具有特殊的功能。教育实习要面向中等教育,使师范生受到教育及教学工作的实际锻炼,培养其独立从事中等教育和教学工作的能力及教育研究能力,增强其从事人民教育事业的光荣感和责任感,为师范生毕业后从事教育教学工作打下坚实的基础。

1.教育实习是高等师范院校整体教育内容的有机组成部分

高等师范院校是培养教师的“摇篮”,其本科教育的核心目标是培养合格的中学教师。从本科教育的整个计划和内容来看,一般分为四大部分:课程学习、社会实践、教育实习、毕业论文或毕业设计等。这四大部分互相联系、互相作用、有机统一、不可分割。课程学习包括专业课程学习与公共课程学习两大部分,为将来从事教育事业奠定专业知识、综合知识及基本理论的基础。社会实践主要是通过社会调查活动、教育见习、与课程相联系的校外活动、其他社会事务等活动,使学生接触社会,体验生活,增长见识,

强化能力。教育实习也是一种社会实践,但它是教育领域内的特殊实践,是高等师范院校本科教育计划中的最高实践体验形式。

教育实习体现着高等师范院校知识、理论与生活、实践并重的办学理念和办学特色,以及专业知识、教育理论必须接受教育实践检验的办学原则。因而,它是高等师范院校整体教学计划的有机组成部分,它在学生各种知识的学习和能力的培养中起着十分重要的综合作用,是整个师范教育结构体系的重要支柱。可以说,没有教育实习,师范生所学到的专业知识、综合知识及基本理论就不能得到有效检验,师范教育就不完备,甚至可以说,师范教育就不"姓""师范"了。只有从这一高度去认识,才能避免出现对教育实习的认识误区及对教育实习轻视、敷衍、应付的态度和行为。毕业论文的撰写是在教育实习之后,表面上似乎和教育实习没有直接的关系,但其实二者是有着一定的内在联系的:一是教育实习可为毕业论文的撰写积累相关的资料及写作经验,比如有的毕业论文就专门研究中学教育教学问题;二是就当代教育所出现的中学教师科研化的趋势而言,毕业论文的撰写,可为师范生日后成为研究型教师奠定扎实的科研基础。

2. 教育实习对强化教学能力、提升个人品质、深化职业感情有巨大作用

教育实习对高等师范院校的学生而言,好像是一副灵丹妙药,具有神奇的作用:它可以强化实习生的教学能力,不同程度地提升实习生的个人品质,深化实习生对人民教育事业和人民教师的职业感情。

教学能力是中学教师在具备先进的教育理念、精深的专业知识、渊博的综合知识、扎实的专业理论等的基础上,把握学情,反复实践,从而形成的一系列综合能力。它包括教学组织能力、教学管理能力、教学设计能力、教学表达(口头表达、书面表达)能力、教学操作能力、教学创新能力、教学研究能力等。这些教学能力,实质上是一系列综合性技能、技巧的有机整合。它的形成是师范院校培养学生能力的核心目标,是师范院校培养合格师资的显著标志,显示着师范院校突出师范性的本质特点。但这一系列能力的形成,绝不是高等师范院校学生自身的一种潜在存在,也绝不是躲在大学校园里能够自然发展起来的,而是必须经过一定的教育教学实践,逐渐积累经验,并不断补充、完善,才能实现的较理想目标。

应该说,实习生在教育实习前经过一定的知识、理论学习,以及教学见习、各种讲课说课竞赛、各种模拟训练等实践,已经具备了教学综合能力形成的基础,但不熟练,不扎实,不完备。实习生只有经过较长时间的教育实习,在实习学校指导教师的精心指导下,通过初步教学实践的尝试,才能强化自己的教学综合能力。

教育实习不仅有助于提高师范生的教育教学能力,而且在提升师范生良好的个人品质方面也有独特的作用。教师是教书育人的教育工作者,其言谈举止、道德情操、仪表、仪态等,都会对受教育者产生直接或间接的影响,成为受教育者效仿的对象。无论是在课堂,还是在课外其他场合,只要有学生在,教师自然会成为学生注目的核心对象。学生常常会下意识地观察教师的表情、仪表、仪态等外在形象,另外,教师的装束穿戴如新颖服饰、靓丽发型等,都可能引起学生的格外关注。这就需要教师调控、约束自己的外在仪表形态,设法弱化学生的这种下意识的观察心理,使学生的注意力集中到学习活动中。对实习生而言,可从以下两个方面去尝试:一是平时穿戴、配饰、仪容修饰等要得体、适度,符合中学生的审美心理,忌奇装异服或过于时尚,忌浓妆艳抹;二是提高综合素养,用优美的仪态、高尚的情操、真挚的感情、炽热的爱心、生动的眼神、甜美的微笑、动人的风采、独特的魅力去吸引学生的眼球,打动学生的心灵。当然,这两个方面要求比较高,实习生可能很难在短期内达到这样的高度,但努力去做,去修炼,就会有显著的效果。上述这些优秀的个人品质是由教师这一职业的性质所决定的,也就是说,教师一融入学校这个氛围,自然而然会在这些方面约束自己,要求自己,提高自己,实习生也不例外。所以说,教育实习有助于提升实习生的个人品质。

提高教学能力,提升个人品质,从根本上说,取决于实习生对自己将要从事的教育事业的感情程度。一般而言,高等师范院校的师范生在校学习期间,都清楚自己的专业性质、学习总目标及就业大方向,都知道自己将来是要当教师的,因而在知识储备、能力训练等方面自觉不自觉地向一名合格中学教师的要求靠拢。然而,由于师范生在大学校园里仍然是学生身份,缺乏真正当教师的职业体验,对教师职业的甘苦、内涵、特征等还没有一定的感性认识,有的可能只是心中的梦想,或是对未来教师职业的美好向往,还谈不上深厚的热爱感情,更不会产生对这一职业强烈的自豪感和光荣感,责任感、事业心也无从谈起。教育实习正是师范生由学生身份向教师身份过渡的最好桥梁,它可以使师范生产生新鲜的感觉、美妙的体验,真正过一把当教师的瘾。特别是他第一次听到中学生喊他"老师"的时候,他会激动、兴奋,由此顿然产生自豪感、光荣感和神圣感。当新鲜过后,随着实习进程的延伸,实习生处于上有指导教师引导、指点,旁有实习组同伴的讨论、交流、帮助,下有众多中学生的关注、企望、等待的浓厚教育氛围之中,爱(爱老师、爱学生、爱岗位)的情感会自然产生,并会日渐加深,责任感、事业心会渐浓渐强。所以说,教育实习会深化实习生对人民教育事业和人民教师的职业感情。

3. 教育实习是检验师范院校办学方向、教育质量、培养规格等的有效途径

高等师范院校的性质是师范性,它既非理工科大学,又非综合性大学,其主要教育目标是要为中学培养合格的教师。何谓合格的中学教师?合格的中学教师要有精深的专业知识、渊博的综合知识,有先进的教育理念、厚实的理论功底,有高尚的人格修养、纯净的精神境界……精深的专业知识就是学科教学所涉及的主要专业知识要"深"要"精",比如,从事语文学科教学,就要对汉语言文学专业知识有精确而深入的钻研和掌握,否则,就难以胜任中学语文教学工作。有的师范生学习不踏实,或方法不灵活,如平时没有大量研读文学经典,甚至连老师要求阅读的重要作家代表作也不阅读,只是考试时围绕命题范围看一些相关的教材以应付考试而已。这样的师范生从学科专业知识上就不符合中学语文教师的要求。渊博的综合知识是指除专业知识要精深外,还要文理兼容,博学多识,广泛涉猎多种学科知识,只有这样才能具有较宽广的知识视野和文化修养。先进的教育理念就是中学教师要具有新课程背景下所倡导的教育教学新理念,如教育民主、学生主体、对话互动、回归生活、多元评价等。厚实的理论功底指的是专业基础理论、教育教学理论等要扎实。高尚的人格修养是指在思想、人格、品行等方面的修养要深,高尚而不低俗。纯净的精神境界是指心灵要宁静,不要为世俗所困。由此看来,合格的中学教师有一个高起点、高标准的质量要求,而且这一质量要求只能拔高,不能降低,因为教师的任何缺陷都会直接给学生带来负面的影响。高等师范院校就应依凭这样的质量要求培养合格的中学教师,这就涉及办学理念、办学思想、办学方向、教育内容等诸多问题。怎样知道一所师

范院校在这些方面的情况和水平呢？一个最有效的途径就是通过教育实习来检验。因为教育实习是一项综合性的、较全面的学科教育实践活动。在教育实习过程中，实习生正是依据合格中学教师的质量要求，在教学、班级管理、教育调研等方面对自己进行各项基本训练，这些基本训练不仅直接检验实习生心理、思想、知识、能力诸方面的成熟程度究竟如何，也较为全面地检验了师范院校教育教学工作的各种方案和措施是否收到了预期效果。检验的结果则是实习生的亲身体验和中学师生的直接感受所提供的第一手资料。据此，便可以对学校教育教学各个部门、各个环节工作中的得失成败，作出一些比较客观的分析和评价。这些分析和评价为高等师范院校进一步端正办学思想，摆正办学方向，正确地贯彻党的教育方针，积极稳妥地开展教学改革提供了可靠的依据。另外，在实习过程中，实习生有机会深入了解和掌握中学教学改革动态及中等教育结构改革情况，这就从客观现实的需要方面，为师范院校有的放矢地改革教学提供了重要参考资料。

二、理解语文学科教育实习的目的、任务和要求

　　语文学科教育实习是高等师范院校汉语言文学教育专业整体教育内容的重要组成部分，是学生初步形成中学语文教育教学能力，实现由高等师范院校学生身份向中学语文教师身份过渡的一个重要途径。语文学科教育实习是实战性的教育教学演练，但它有别于汉语言文学教育专业的学生在大学课堂相关课程的教学模拟训练，也不同于师范生未来真正走上中学语文教师岗位后所从事的实际教育教学工作。它是介于二者之间的在带队教师和实习学校指导教师合力指导下的实践性教育教学活动，是将高等师范院校汉语言文学教育专业学生所具备的汉语言文学专业基础以及学到的语文学科教育相关理论应用到中学语文教育教学实际工作中去的最佳实践形式。因此，语文学科教育实习有其特定的目的、任务和要求。

1.语文学科教育实习的目的

高等师范院校汉语言文学教育专业的培养目标是合格的中学语文教师,这一目标的达成,不仅要靠在大学里基础知识、基本理论的学习,专业技能的训练,综合素养的养成,还要靠丰富多样的社会实践的锻炼,尤其是要通过教育实习这一专业化的社会实践锻炼。只有通过专业化的语文学科教育实习,汉语言文学师范生才能在职业理想、教育理念、品行修养、综合知识、专业技能等方面受到较全面的检验、锻炼和提升,才能将大学课堂里所学到的教育理论、教学方法和汉语言文学专业知识综合运用到中学语文教育教学的实践中去,使理论得到应用,知识活化为能力,从而为今后胜任中学语文教育教学工作奠定良好而坚实的基础。

（1）活化知识　综合应用

高等师范院校汉语言文学教育专业为达到培养合格的中学语文教师的目标,设置了许多与语文学科教学相关的课程,如现代汉语、古代汉语、语言学、古代文学、现代文学、当代文学、外国文学、文艺学、美学、语文学科教学导论、语文教材分析与教学设计等,这些课程的开设,为师范生将来从事中学语文教学工作奠定了较深厚的语文专业知识、理论和技能基础,但这些课程都是相对独立的学科,学生对这些课程知识的学习,一般都是相对独立地进行的,缺乏横向的联系和综合,并且获得的都是一些来自于书本上的间接知识,是相对比较"死"的知识,需要在教学实践中活化、转化,综合应用。语文学科教育实习的目的就是要为实习生活化、转化、综合运用这些知识创造有利的条件。实习生通过对所学汉语言文学教育专业的知识、理论和专业技能的综合应用,可以加深对知识、理论、技能的理解和认识,促进知识、理论向教学实际能力的转化。

教育实习可以对实习生掌握知识的水平进行检验,检验实习生大学里所学知识的深度和广度,检验实习生对这些知识的应用程度。不少实习生在教育实习之前都认为自己所学的知识是已经真正掌握了的,足够应付中学语文教学了,但是通过教育实习,特别是经过教育实习中的备课、编写教案、试讲和课堂教学等的自我实践以后,实习生在语文知识和教育能力等方面的某些缺陷就会暴露出来。此时实习生自己也会发现过去所学的知识有些只是为了应付大学里的考试,实际上并没有真正地掌握。有了这种认识以后,实习生才会从理想化的境界中走向现实,才会比较冷静地、客观地认识自己，进而有意识地重温那些大学里虽然学过，但通过教育实习的运用和检验证明并没有真正掌握的有关知识。从这个意义上讲，语文学科教育实习不仅可以运用和检验实习生的理论知识、专业技能，而且还可以巩固和提高实习生的知识水平，使高等师范院校汉语言文学教育专业学生的知识结构、能力结构更能适应中学语文教师的要求。

（2）重视实践　强化能力

高等师范院校汉语言文学教育专业的学生未来工作的场所主要是中学，其工作岗位是语文教师，这是每位师范生都心知肚明的。尽管每位师范生都经历过六年的中学学习生活，其间也接触过不少语文教师，但由于学生的身份，他们并不能体验到做语文教师的甘苦和乐趣，对语文教育教学的实践也没有明确而全面的认识，何况进入大学学习三年，已脱离了中学的学习环境，对中学语文的教学和学习现状已有隔膜，出现了汉语言文学教育专业的学习和中学语文教育教学的实际严重脱节的现象。语文学科教育实习就是针对这一现状，基于实习生未来工作的需要，安排近一个学期的时间，让实习生身处未来的工作场所，担当语文实习教师的责任，尽早了解和熟悉中学的情况及中学语文教育教学的实际，把大学里所学的知识、理论综合应用到中学语文教学的实践中去，进而逐步形成包括备课、说课、讲课、班级管理等一系列进行中学语文教育教学活动的能力，为今后从事中学语文教育教学工作打下良好的基础。

中学语文教育教学工作在长期的实践过程中形成了一整套行之有效的方式、方法，教育实习为实习生了解和熟悉这些方式、方法提供了便利条件。尽管语文教育实习的时间短促，这种了解和熟悉也是初步的、肤浅的，但却是实际的、必要的，它可以避免或减少实习生在今后实际语文教学工作中可能遇到的矛盾和困难。

（3）优化素质　提升境界

不经历教育实习的师范生以后走上中学语文教师岗位，是会有较大的素质缺陷的。虽然汉语言文学教育专业的学生经过几年的本科教育，在知识、理论、能力等方面已具备一定的基础，但离一名合格中学语文教师的要求还有较大的距离，原因在于：如前所述，师范生所学汉语言文学教育专业的知识、理论是来自于书本上的间接知识，是相对比较"死"的知识，还未经过教学实践的有效检验，不能活化于师范生的素质结构中，因而会造成师范生的素质缺陷。语文学科教育实习的目的就是要活化师范生所学到的书本知识,使其综合应用于中学语文教学的实践中,进而转化为能力,以优化自己的素质结构。同时,语文学科教育实习还可使实习生净化心灵,提升境界。这是因为教育实践是一种高内涵、高品质、高情感的有意义的活动,语文学科教育实习更是具有浓郁人文性的高尚行为。当实习生第一次走进教室,面对几十双渴求知识的眼睛,他的热情、责任感会油然而生;当实习生第一次被中学生称为"老师"时,他的内心一定会感到震颤和激动,一种教师职业的神圣感也会油然而生;当实习生为中学生答疑解惑时,他会被中学生的活跃思维、好学精神所激励;当语文学科教育实习结束时,许多中学生围着或抱着实习老师,流着眼泪舍不得他们离开,或纷纷给他们赠送一些纪念品、照片……中学生这种浓浓的真情和对老师炽热的爱,一定会使每一位实习生的心灵受到极大震撼,甚至会让他们感动流泪,进而使他们感到中学语文教师职业的光荣与崇高,使他们摒弃之前仅为求生或为生活待遇好而当教师的狭隘心理和错误念头,从而使其心灵得到净化,人生境界得以提升,从事甚或献身于中学语文教育事业的信念得以坚定。

(4)反思高教　重整专业

高等师范院校汉语言文学教育专业的教学水平和管理运行机制如何,直接可以在语文学科教育实习的实践过程中得到检验。因为教育实习是把高等师范院校培养的将来要当中学语文教师的师范生放到中学语文教师的岗位,在指导老师的指导下去试教,去接受检验,这样,教育实习就好像是一面镜子,从这面"镜子"中可以照出每个实习生的"面貌":专业素养高不高? 知识面宽不宽? 文化视野广不广? 综合素质好不好? 应用能力强不强? 口头表达准不准? 教学语言巧不巧? 形体神态美不美? 等等。师范生只要一走进实习学校,一登上讲台,上述这些方面就会呈现出来,如同演员在舞台上的亮相,观众会看得很清楚。实习学校的师生及领导如同法官,会对实习生的表现有一个真实而公平的评判。这些评判,实际上是对高等师范院校汉语言文学教育专业在教育教学和管理等方面水平的评估,这对高等师范院校汉语言文学教育专业来说,是一种重要反馈。如果反馈是积极的,会激励其在教育教学和管理等方面更上一层楼;如果反馈负面远多于正面,那么,就要深刻反思:专业课程设置合不合理? 部分课程是否脱离中学实际? 有些课程是否过于理论化? 是否忽视师范生语文实践能力的培养？语文课程与教学论课程的课时是否偏少？师范生教学基本功的训练是否有所忽视？等等。只有深刻反思才能发现问题，进而重整专业，并逐步改进管理运行机制，进一步明确培养目标，调整教学计划、课程设置和课时分配。这样做，才可使高等师范院校汉语言文学教育专业的培养目标和中学对语文教师的期待目标联系起来，使高等师范院校汉语言文学教育专业的教学与管理真正面向中学，按照需要培养师范生的综合素质和语文能力，使培养出来的人才能够胜任中学语文教育教学工作。

2. 语文学科教育实习的任务

高等师范院校语文学科教育实习，是实习生在大学带队教师和中学教师共同指导下，直接从事中学语文教育教学工作的实践活动，具有教学试验和练习的性质，不同于他们未来所从事的业务性很强的实际中学语文教育教学工作。因此，有必要使实习生明确实习的任务。

语文学科教育实习的任务，从目标上讲是培养实习生初步掌握从事中学语文教育教学和班级管理工作等方面的技能、技巧，形成独立的语文学科教育教学工作的能力，从内容上讲，包括语文学科教学实习、班主任工作实习及教育调查研究等方面。

①语文学科教学实习。教学实习是教育实习的中心环节，目的在于使实习生初步掌握从事中学语文教学所应具备的知识、技能和技巧，为今后从事中学语文教学工作奠定基础。

语文学科教学实习主要包括教学观摩与听课，备课、说课与试讲，课堂教学（阅读教学、写作教学、综合性教学），作业与测评，评课与反思等内容。

②班主任工作实习。班级是中学教育工作的基本单位，是学生集体的基层组织。班主任是对一个班级学生全面负责的教师，是学生班级集体的组织者、领导者和教育者。班主任工作的质量关系到班级教育工作的水平，也直接影响到中学教育工作的质量。所以班主任工作实习也构成了高等师范院校语文学科教育实习的一项重要内容。

班主任工作实习的任务是：在原任班主任指导下，负责实习班级的全部教育和管理工作。通过走访实习学校优秀班主任，了解班主任工作概况，熟悉班主任工作要点和工作方法，培养从事班主任工作的能力。要对全班学生在德育、智育、体育、美育等方面的发展全面负责,要全面了解学生在学校和家庭、社会的各种场合的行为表现,利用有利因素,排除不利因素,保证全班学生健康成长。

③教育调查研究。教育调查研究是了解中学教育教学改革现状,研究教育教学具体问题,体悟中学教育教学规律的重要方式。该项实习的目的,在于培养实习生的科学精神和深入细致的工作作风,使实习生能够运用在大学课堂上所学的理论将教育现象、教育教学问题、实习中自我实践的经验或实习学校的经验进行科学的观察、总结,上升为理性认识,以便在教育研究的选题,资料的收集、整理、储存、利用,理论知识的综合运用,以及发现问题、分析问题、解决问题的能力等方面得到培养和锻炼。

教育调查研究的程序主要包括确定课题、设计方案、确定内容、明确范围、选择方法、实施调查、分析研究、撰写报告等环节。撰写调查报告要做到格式规范、内容真实、数据可靠、分析合乎逻辑、结论明确、建议具体、语言通畅。

3. 语文学科教育实习的要求

（1）语文学科教学实习的要求

①实习生要明确语文学科在中学教育中的地位和作用,了解中学语文教育教学的现状和发展趋势。

②实习生要有意识地观察和模仿中学语文教师的课堂教学,学习优秀中学语文教师的教学经验,探索中学语文课堂教学的规律和方法。

③实习生要实际进行中学语文课堂教学过程中的听课、备课、说课、讲授、辅导、作业批改、测评等环节的工作,掌握语文课堂教学的基本技能和技巧。

④综合运用教育学、心理学和语文课程与教学论等学科的教育理论,依据语文课程标准要求,结合学生实际情况,准确地确定教学目标,明确教学的重点和难点,分析研读教材,精心编写教案或教学设计。教学过程中力求做到:教态大方自然,讲解条理清楚,表情丰富,语言准确生动,板书整洁美观,注意调动学生学习的积极性和主动性。

⑤实习生在正式上课之前必须试讲。试讲时,要从“实战”出发,从严、从难要求自己。试讲后由听课师生提出意见,实习生对教案进行修改和补充,最后送原任教师审阅批准后方能试教。

（2）班主任工作实习的要求

①实习生必须虚心向原任班主任学习，听取原任班主任对实习班级基本情况的介绍，了解学生思想和学习情况。

②实习生必须根据实习学校的工作安排和原任班主任工作计划，制订班主任工作实习计划，计划须经原任班主任批准后执行。

③实习生必须每天深入班级，协助原任班主任开展班级日常管理工作，处理好班级发生的突发事件，维护班级正常的教学秩序。

④实习生进行工作时要注意发挥班委和团队的作用，防止包办代替。处理问题要客观、公正，对待学生要一视同仁，不偏不倚。

⑤实习生必须协助原任班主任开展学生的思想教育活动，做好特殊学生的个别教育工作，帮助学生健康成长。

⑥实习生要认真学习优秀班主任的先进经验，并结合教育学的有关理论和中学生的实际情况，研究语文教师做班主任工作的特点，探索语文教师做学生思想工作的规律。

（3）教育调查研究的要求

①高等师范院校汉语言文学教育专业的学生可以进行教育调查研究的课题很多，但由于实习时间紧、任务重，因而实习期间的教育研究应以语文学科为主，即在语文教育领域内发现问题，确定课题，进行研究。

②实习生在确定语文教育研究选题时，最好征求一下实习带队教师和实习学校指导教师的意见，编订调研计划，然后再进行具体的调查和资料收集等工作。

③实习生在进行语文教育问题调研的过程中，要注意选题不要过大，尽量以自己实习所在学校为对象范围，以语文教育为研究领域，以自己观察到的教育现象和事实为研究重点。

④实习生在调研的过程中，要注意采取多种方法收集资料，并且应以第一手资料为收集的重点。

三、做好教育实习前的准备工作

凡事预则立。教育实习要顺利进行必须做好实习前的准备工作。语文学科教育实习的准备,是指实习生进入实习学校前,在思想、心理、业务、物品、生活等方面的准备。长期以来,教育实习的实践表明,实习前的准备工作做得是否充分,关系着教育实习顺利进行的程度,并直接影响着教育实习的效果,不可轻视。

1.思想准备

教育实习前的思想准备是保证实习顺利进展的前提条件,思想上准备不足,实习就可能是低效的,思想上出问题,实习就有可能会迷失方向。那么,如何作好实习前的思想准备呢?

首先,实习生要在思想上重视语文学科教育实习,防止产生对实习认识上的误区,以为实习仅仅是讲几节课的事。要认识到实习是语文"教育"实习,而非单纯的"教学"学习。教育实习是包括教学、管理、调研等诸多内容的实践活动,是对实习生在理论、业务、能力等方面的全面考查和锻炼。

其次,实习生要做思想观念上的几个转变:一是时间观念上的转变。要认识到实习的场所是中学校园,作息时间和在大学校园里的学习时间是不同的。二是生活方式上的转变。要认识到实习开始后,生活环境和生活习惯会发生明显变化,实习生要有转变生活方式的思想准备。三是角色身份上的转变。由大学生身份变为语文教育实习生身份,由单纯学生角色变为实习教师角色。角色身份不同,承担的责任和义务便会不同。四是过程的转变。实习生要意识到单纯的学习过程将转变为学习和工作相结合并以工作为核心的实践过程。

2.心理准备

实习前,师范生往往把实习的工作和生活理想化、浪漫化,对远离家人、初入社会可能遇到的种种困难、问题与不适应缺乏心理准备,以至于在实习工作中遇到小挫折,稍遇不适应,就灰心丧气,停滞不前,有的甚至严重影响了正常的实习工作。因此,做好实习前的心理准备工作,是完成教育实习任务的前提。

首先,要作好迎接挑战、战胜困难的心理准备。实习生要意识到,教育实习不会是一个轻松的过程,其间肯定会有许多想象不到的困难。这些困难会表现在教学、管理、调研、生活、环境等各个方面,需要实习生树立迎接挑战、战胜困难的信心,防止产生恐惧、懦弱、自卑、退让的消极心理。

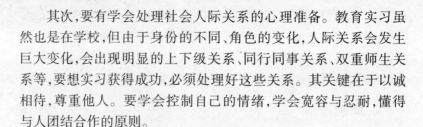

其次,要有学会处理社会人际关系的心理准备。教育实习虽然也是在学校,但由于身份的不同、角色的变化,人际关系会发生巨大变化,会出现明显的上下级关系、同行同事关系、双重师生关系等,要想实习获得成功,必须处理好这些关系。其关键在于以诚相待,尊重他人。要学会控制自己的情绪,学会宽容与忍耐,懂得与人团结合作的原则。

3. 业务准备

业务准备主要指和实习内容有关的资料、知识、技能等方面的准备,这是实习准备阶段的核心内容。

（1）资料准备

①准备齐两种课标资料:《全日制义务教育语文课程标准》和《普通高中语文课程标准》。

②买好或借好教材以及相应的参考资料,因为学校能够提供的资料毕竟是有限的。

③搜集中学语文教学名师的教学视频、课堂实录、教学设计等资料,以备学习借鉴。

④搜集班主任工作相关资料,以优秀班主任的经验材料为重点。

（2）知识准备

①汉语言文学专业知识,如古代文学、现当代文学、外国文学、现代汉语、古代汉语等。

②专业理论知识,如教育学、心理学、语文课程与教学论等。

③公共必修课知识,如哲学、美学、计算机、英语等。

以上这些类型的知识在大学里都学过,都有一定的基础,但需要回忆、梳理、强化,以作为教学的知识储备。

（3）技能准备

这里主要是指教育教学工作能力方面的准备。

①实习前应具备"三个基本":基本能够写教案,基本能够上讲台,基本能够板书。

②练好普通话、粉笔字等师范技能。

③认真研读教材,提前试做课件,设计教案,整理好教学时的各种素材资源。

④朗诵、背诵相关课文,与人多沟通交流,进行口头表达训练。

⑤尽量利用暑假的一段时间,到附近一些中学去见习,为教育

实习做好热身。

4. 物品准备

充分的物品准备是顺利完成教育实习的物质保证。教育实习用品包括以下几类。

(1)教学用书

包括教科书、教师教学用书、专业书、工具书、班主任工作书等。

(2)教学用具

包括教学挂图、图片、画片、小黑板、幻灯机、投影仪、幻灯片、录音机等。

(3)备课用品

包括电脑、优盘、数据线、耳机、中性笔、铅笔、红色圆珠笔、备课本、稿纸等。

(4)其他用品

包括图钉、订书机、听课记录本等。

以上各类用品,有些是每个实习生必备的,有些是根据条件或需要选择的,有些用品实习学校可以提供,不必一律强求。

5. 生活准备

生活准备主要是指和实习生日常生活相关的气候、环境、住宿、交通、通信、饮食、风俗等方面的资讯以及实习生所需要的生活用品等方面的准备。

(1)生活资讯

①实习生在实习前,要详细询问或通过各种渠道搜集实习地的环境、气候、交通、通信等情况,以便及早作好适应或应变的准备。

②了解实习地的饮食和风俗习惯,以便"入乡随俗",避免犯忌或闹笑话。

(2)生活用品

①资金:建议带少量的现金,银联卡必带。

②床铺:问清楚校方是否提供,若不提供,要准备或带或买。

③衣物:休闲装、正装、睡衣、皮鞋、拖鞋、球鞋、袜子、皮带等。

④日用品:洗发水、沐浴露、洗衣粉、衣刷、毛巾、牙膏、牙刷、口杯、小桶、盆子、抹布、饭盒、热水瓶、汤匙、镜子、梳子、雨伞、纸巾、

洁肤护肤用品(如洗面奶、面膜、爽肤水、化妆品)等。

⑤床用品:小席子、被套、床单、毛巾被、枕头、枕巾、蚊帐等。

⑥其他:钥匙、眼镜、手机、MP3、充电器、电池、吹风机、针线、证件照、插线板、电筒、通讯录等。

⑦药品:实习队可备药品如创可贴、红花油、双氧水、红药水、保济丸、风油精、晕车药、止痛药、金嗓子、皮康霜、板蓝根等;个人可自带药品如感冒药、消炎药、清凉油、云南白药、氟哌酸等。

专题二

进入学校

什么都新鲜

到基层学校实习是师范生初步认识和了解教师工作、生活的一个重要途径。实习生通过实习，能够把学到的理论知识运用到教学实践中去，培养教育教学能力，积累教育教学经验，用实践来检验理论，同时还可以在实践中发现自身存在的缺陷和不足，发现影响专业发展的各类因素，并采取相应的措施和办法进行针对性的调整和改进，为将来顺利走上教育教学岗位奠定坚实的基础。进入学校是开展实习工作的第一步。良好的开端是成功的一半，那么，作为即将进入学校的师范生，需要如何去做，才能迈好这一步呢？在进入学校之前，我们需要做哪些必要的准备工作呢？

一、了解实习学校

确定实习学校后，首先需要全面系统地了解实习学校的一些基本情况，包括学校的历史、现状、师资力量、办学状况等。实习生了解实习学校的渠道有很多，譬如通过网络、报纸、刊物、学校网站、学生家长、社会口碑等。

1. 了解学校发展历史

学校发展历史包括学校的创建时间、创建背景、创建人、办学规模、社会环境、培养特色、发展历程等等。有的学校历史悠久，校名、校址、隶属关系等有可能随历史变迁而有所变动。如隶属关系（它有可能关系到学校的办学方式和发展方向，影响学校在教育教学、教育科研、学生综合素质培养、学生个性特长培养、社会实践活动、师生及学校对外交流、公益事业等诸多方面的发展）、师资队伍（是学校发展的关键所在，学校拥有一支德才兼备、专业水平高、爱岗敬业的高素质教师队伍，才有可能培养出优秀的学生，学校的教育教学成绩如中考、高考成绩等才会不断向上攀升），特别是在办学宗旨、办学特色（校训）、培养学生方面有可能有所变化。了解学校的发展历史，有助于加深实习生对实习学校的了解，真正走进实习学校。

2. 了解学校办学状况

随着社会的发展,中学教学的指导思想和办学理念等也会发生变化,以适应基础教育发展的需要。对实习生来说,所在学校目前的办学状况对其实习生活具有现实意义,这些会直接影响其实习生活的每一个环节。学校的办学状况包括以下方面的内容。

(1)办学理念

学校的办学理念就是学校的标志,是学校的灵魂、眼睛,是学校的办学之道、教学之道、管理之道的体现,也是教育工作者实现自己人生价值,追求卓越,走向辉煌之道的体现,是教育哲学、教育社会学、教育文化学、教育管理学、教育人类学、课程论、教学论等诸多学科综合研究的对象。先进的办学理念对内是凝聚力、向心力,对外就是核心竞争力和品牌,它包括学校的办学宗旨、办学目标、办学策略等。学校的办学理念具体体现在校训、校风、校规、校歌、教育理想、建校原则、办学宗旨、育人取向、培养目标、精神偶像、育人途径、学风建设、教师形象、校园文化、工作重心等方面。学校的一草一木,教师的一颦一笑、一招一式,学校的迎来送往、上传下达,无不体现办学理念。夸美纽斯在极端困难的条件下,率领捷克兄弟会的儿女们在波兰的黎撒创办了文科中学,在颠沛流离中创办了匈牙利的泛智学校,提出了教育是"把一切事物教给一切人们的全部艺术"的办学理念,成为"现代教育之父"。马卡连柯于1920年秋创办"少年违法者工学团",坚决反对当时苏联流行的各种错误的教育思潮及教育领导部门的某些领导者的官僚主义作风,提出了在对流浪儿童教育中应把"对人的高度尊重与严格要求相结合"的办学理念,"使几百个经历过严重摧残和屈辱生活的人,改造成为'真正的苏维埃人'"。陶行知创办晓庄学校,条件极为艰苦,但他提出的"生活即教育"、"解放学生的脑,解放学生的手"等办学理念,却使晓庄学校的"小先生们"做了中国普及教育的主力军。可见,了解学校的办学理念,是十分必要的。

·(2)办学特色

一般情况下,经历一定阶段的发展后,好的学校会形成较为完整和科学的办学思想,建立完善的内部制度及有效的运行机制,会形成风格独特而相对稳定的办学模式,对一定区域范围内的同类学校产生较强的示范性。这样的学校就具备了自己的办学特色。可以说,办学特色是学校教育思想的折射,是教育理念的直观展现,许多学校正是具有了自己鲜明的特色,才成为名校,才为世人瞩目。清华大学"古今贯通,中西融汇"的办学特色和"自强不息,厚德载物"的校训,北京大学"爱国、进步、民主、科学"的传统精神和"勤奋、严谨、求实、创新"的学风,复旦大学"博学而笃志,切问而近思"的校训,都是在风风雨雨的吹打中积以时日形成的。没有长年的积累和持之以恒的追求,没有观念思想撞击中的大彻大悟,没有对教育规律的驾驭,就不会有如今清华的大气、北大的神韵和复旦的精良。名校如此,其他学校也概莫能外。办学特色的形成过程,是一个量的积累和质的优化的过程,是一个自我扬弃、励志图新的过程,是一个随时汲取营养厚积薄发的过程。就一所学校而言,生机与活力就在于办学特色。有了办学特色,才真正能使学校的生命得以延续,活力得到激发。若能在一所办学有特色的学校实习,定能获益匪浅。

(3)管理特色

学校管理是一个复杂的系统工程,现代学校管理是一个由人、财、物和时间、空间、信息等要素组成的有机系统。回顾20年来教育改革的历史轨迹,我们发现,学校管理走过了一个经验治校—理论治校—依法治校—理念治校的过程。而其中人是最重要的,管理效率的取得必须依靠人对这些管理要素的合理组合,而管理要素的合理组合又要求管理者具有科学合理的管理理念。人的管理理念是否合理,对人的管理行为,对组织管理资源的分配、管理要素的组合有着重大的影响,从而深刻地影响着学校管理效率的高低。一般来说,学校管理者管理理念清晰、科学、合理,对人、财、物、信息等管理对象就能够进行优化组合,从而充分发挥管理对象的作用。一所学校的管理特色一定是管理者在实践中不断调整不断创新而逐渐形成的。如实习生了解所在学校的管理特色,同样有助于更好地开展实习工作。

(4)办学规模

从理论上来讲,办学规模就是学校所具有的格局、形式和范围。办学的格局决定学校的组织结构和班级结构,办学的形式决定办学的方向和方式,办学的范围决定办学的基础力量大小和学生的多少。如从办学格局来说,办学规模主要体现在组织结构和班级结构上,也就是学校设置的各部门、各处室、各年级、各班。而一般情况下,大多数人把办学规模片面地理解为学校的学生多少,即班级数量的多少,这显然是不全面的。作为实习生,我们应全面客观地了解学校的办学规模。

以阳江市第一中学为例,阳江市第一中学是一所历史悠久的国有公办中学,坐落在中国著名海滨旅游城市阳江市,始建于1909年,一直是粤西地区的著名中学。1988年阳江撤县建市,学校被定为市重点中学,是广东省国家级示范性普通高中。其办学规模如下:

学校占地面积14.9万平方米,建筑面积10.1万平方米,环境幽雅,绿树成荫。现有初中教学班36个,高中教学班60个。学校现拥有校友楼(行政办公楼)、电教楼、文体楼、开放式生物园和地理园、电子阅览室和实验室、美术欣赏室、美术绘画书法室、美术活动室和音乐欣赏室、塑胶运动场等现代化教学场馆。常规教学仪器按照国家一类标准配备,其中生物实验室达国内先进水平,物理、化学、通用技术等实验室达省内先进水平。千兆校园网覆盖所有功能场室,教室均配置多媒体电脑教学平台,实现了校园网"班班通",学校管理实施"一卡通"。

通过以上文字,我们可以较为全面地了解这所学校的办学规模。事实上,我们通常所说的"扩大办学规模,提高办学质量"就是指从学校的格局、形式和范围上进行扩充改善,以进一步提高教学质量。实习生了解实习学校的办学规模,即对其格局、形式、范围有一个较为全面的了解,从而对学校产生向往之情、亲近之感,从感情上能够尽快接受学校,这是十分必要的。

此外,了解学校荣誉也有助于了解学校办学状况。学校荣誉包括由教育行政主管部门授予的各级各类荣誉称号和社会美誉度。多年以来,国家各级教育行政主管部门会根据社会发展的需要,结合学校的特点,进行相关的评比和鉴定,授予学校一些荣誉称号(如根据不同行政级别划分的国家级示范性中学、省级示范性中学、省级重点中学、市级重点中学、区级重点中学等),这些称号代表了教育行政部门对一所学校的认可程度,反映了学校的办学水平。另外,学校在社会上获得的美誉度,也是学校整体办学水平和综合办学状况的间接反映。

3. 了解学校规章制度

创新和完善学校管理制度是学校发展的根本保障。学校的规章制度围绕着实现办学思想,提高教育质量这个中心,提升学校的核心竞争能力,保障了学校的长治久安和持续性发展,也保障了学校的业绩和发展创新。理想的管理模式应该是人性化的制度管理。优秀学校的规章制度一定是完善的、人性化的。学校规章制度一般应包括如下几个方面的内容。

(1)教师教学管理方面

如教研组工作制度、教师考核评估细则及奖励办法、教师进修制度、师德建设制度、导师制度等。

(2)学生教育管理方面

如学生日常安全管理制度、住校生守则、家长学校工作制度、升国旗制度、班级考核评估细则及奖励办法、公寓管理制度、学生综合实践活动制度等。

(3)学校教学管理方面

如学校教学管理制度、图书馆和阅览室管理规章制度、电教设备使用制度、实验室危险品领用登记制度、毕业班教学质量评估及奖励制度、年度教学质量奖励制度、教学过程管理制度等。

(4)校务管理方面

如校务公开制度、出勤及请假制度、校长接待日制度、档案管理制度、行政安全管理制度、教代会章程等。

(5)各处室管理方面

如德育工作制度、后勤安全管理制度、教学科研工作考核条例、学生社团管理制度、教学事故认定及处理办法等。

实习生可从学校的各项规章制度是否健全、是否合理、是否人性化等方面了解学校状况。当然,以上方面的内容也可通过其他方式(如学校的简介)综合了解。实习生熟悉学校的规章制度,对后期的实习工作顺利开展至关重要。

4. 了解学校其他方面

(1)校园环境

完善的校园环境能为师生开展丰富多彩的寓教于文、寓教于乐的教育活动提供重要的阵地;良好的校园整体环境能够起到很好的育德功能,有利于学生形成优雅的气质、潇洒的风度、健康的体魄和良好的心境,有利于学生成人成才。一般情况下,学校大都能够充分利用优越的自然条件,在保证教学设施功能的前提下,致力于营造环境优美的生态化校区。有的校园内,山、水、林、路一应俱全,可让学生在优美的校园环境内学习,给学生提供一个怡情悦性、顺利完成学业、激励成长的优美环境;有的学校采用大型开放空间、中型开放空间及小型开放空间这些多层次开放的交往空间,形成校园景观的整体环境,创造气韵生动、建筑与园景相互融合的生态校园;有的学校建筑融入了园景人文因素,以激励学生成长;有的学校环境能够体现学校发展历史、校园文化和生态环境。这些情况实习生可以通过实地考察等途径了解。

(2)布局及设施

学校的布局包括建筑布局和功能布局。建筑布局包括外部的景观设计和内部的布局设计。实习生更需要了解的是功能布局。功能布局包括核心区、体育运动区、教学活动区、学生活动区、校园环境绿化等。而教学设施包括基础设施、服务设施、教育设施等。

一所好的学校应有教学楼、实验楼、艺术楼、行政办公楼、学生公寓、大礼堂、多功能厅、操场等基础设施,餐厅、医务室、洗衣房、超市、书报厅、话吧、公交专线等服务设施,有的学校还建有室内体育馆、游泳馆、图书馆、电子阅览室、大会场以及田径场、足球场、网球场、溜冰场、射击场、篮球场、排球场和沙滩排球场、创新实验室、有线和无线校园网、校园广播电视台等各类教育设施。如校园网可体现教育资源共享、网络多媒体教学和办公自动化三大功能特点,可满足师生在网上进行充分的交流。这些情况可以在进入学校之后观察了解。

(3)学科特色

实习生需要了解实习学校有哪些强势学科,是如何开展教学的,由哪些教师执教,培养目标是什么,有何特色,有何成果等等。如有的学校在注重学生扎实基础的同时,培养学生的个性特长,为每一个学生的全面发展服务,如开设机器人、DNA探究等物理、生物学科,田径、排球等体育学科,舞蹈、合唱、管弦乐等音乐学科,语文、英语等基础学科,数学、物理、化学、生物、信息学等学科竞赛等。以上信息可帮助实习生全面了解所实习学科的教学情况。如西安市第八十三中学重视学科竞赛工作,在陕西省高中五大学科竞赛中,均获得过团体一等奖,多名学生荣获陕西省赛区学科竞赛第一名。三年来,学生获得省级以上各学科竞赛等级奖有280多人次。数学竞赛获奖人数多,奖级高。信息学竞赛成绩尤引人注目。在第12届、13届、14届全国青少年信息学奥林匹克竞赛中获陕西赛区一等奖的学生共有20名,约占全省一等奖三分之一,其

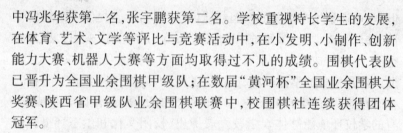

中冯兆华获第一名,张宇鹏获第二名。学校重视特长学生的发展,在体育、艺术、文学等评比与竞赛活动中,在小发明、小制作、创新能力大赛、机器人大赛等方面均取得过不凡的成绩。围棋代表队已晋升为全国业余围棋甲级队;在数届"黄河杯"全国业余围棋大奖赛、陕西省甲级队业余围棋联赛中,校围棋社连续获得团体冠军。

(4)校园文化

校园文化是一所学校综合实力的反映,它是以学生为主体、以课外文化活动为主要内容、以校园为主要空间、以校园精神为主要特征的一种群体文化,是学校所具有的特定的精神环境和文化气氛。它主要体现在以青年学生为代表的文化观念以及有所规范的学生特有的思维特征、行为特征和方式,学生课余生活中一切以群体形式出现的文化活动,如诗社、话剧社、围棋社、文学社、书社等社团活动上,其中最能体现校园文化本质内容的是校园风气或校园精神。

校园文化是学校发展的灵魂,是凝聚人心、展示学校形象、提高学校文明程度的重要体现,对学生的人生观、价值观产生着潜移默化的深远影响,而这种影响往往是任何课程所无法比拟的。校园文化包括校园建筑设计、校园景观、绿化美化这种物化形态的内容,也包括学校的传统、校风、学风、人际关系、集体舆论、心理氛围以及学校的各种规章制度和学校成员在共同活动交往中形成的非明文规范的行为准则。健康、向上、丰富的校园文化能赋予师生独立的人格、独立的精神,激励师生不断反思、不断超越,特别是对学生品性的形成具有渗透性、持久性和选择性的作用。它可拓宽学生的视野,营造积极向上的文化氛围,陶冶学生的情操,启迪学生心智,提高学生的科学文化素质和人文道德素养,促进学生的全面发展。

(5)学校愿景

学校愿景即学校的发展目标。实习生需要了解实习学校将要建成怎样一所学校,学校未来的发展目标是什么,学校要培养什么样的人才,学生的发展目标是什么等等,如:要建设成一所什么级别、什么规模、什么特色、什么影响的学校。如上海育才中学的发展目标是:要建成一所具有现代化、国际化特征的学习型学校和国家级实验性、示范性高中;要培养品德优良、基础知识宽广而扎实、富于创新精神和个性特长、身心健康、具有优秀公民基本素质、有终身学习和可持续发展能力并兼有民族意识和国际意识的优秀高中毕业生,为造就专门人才和创新人才奠定坚实的基础。这些信息能够给实习生一个较为直观的印象,有助于快速了解实习学校。

二、接受实习任务

实习生到实习学校报到,了解实习学校的基本情况,熟悉学校环境后,接受与了解教育实习工作任务,应该是实习生走进学校的第二步。

一般来说,实习学校和师范大学在学生进校前已进行过相关工作的交流和沟通,双方彼此都明确了各自的责任和义务。实习生进入实习学校前,带队老师会提前向实习生提出相关要求,如注意安全(人身安全、实习学校学生的人身和财物安全,以及实习学校的财物安全),禁止放学后滞留学生;按学校作息时间到校,禁止上班时间私自外出;主动接受教学任务。到校后,实习学校也会召开专题会议,请实习班级的任课教师和班主任与实习生见面,向实习生提出相关要求和工作任务。具体来讲,包括以下几个方面。

1. 听从安排 明确要求

作为实习生,首先要认真听取学校的各项工作安排,按照学校要求,严格遵守实习学校的规章制度,尊重实习学校的领导、教师和其他工作人员,虚心接受指导和帮助,在学校领导和指导教师面前做一个优秀的学生,在学生面前做一个优秀的教师。实习生之间要互相团结,互相帮助,互相学习,共同完成实习任务。要按教师的标准严格要求自己,为人师表、仪表端庄、落落大方。

通常情况下,实习学校领导将会结合当前基础教育对师资的新要求,给实习生介绍学校的基本情况、教学科研状况、教育教学经验情况、基础教育改革背景下新型的课堂教学和班级课外活动的组织与管理等。任课教师将会介绍学校的教学常规及实习过程中应注意的问题,尽快帮助实习生了解实习班级的情况,明确实习任务。班级情况包括学生情况、班级特点、本学期班级工作计划等;教学情况包括任教年级、学期授课计划、教学进度、单元要求、教学常规等;教学任务包括观摩课堂教学、制订实习工作计划、备课、试讲等。班主任将会介绍班级学生的思想、心理、学习、纪律等方面情况,帮助实习生了解并熟悉班主任工作的职责与方法、学校对班主任工作的规定和要求、实习班级的基本情况、工作重点及难点、特色措施等。

2. 认真学习 努力实践

实习生要认真学习、借鉴任课教师和班主任的工作经验,努力实践,积极探索。要热爱学生,尽快认识学生,了解学生,熟悉班级情况,掌握学生(包括个别学困生、问题生)的思想、学习情况,班干部的工作情况等,在原任班主任指导下针对班级情况制订班主任实习总体计划,包括每周的具体班主任工作计划要报请原任班主任审批后执行。要耐心细致地教育学生,对学生坚持正面教育,不体罚或变相体罚学生。

3. 完善细节 积累素材

(1)落实学科实习任务

实习生要在任课老师的指导下,根据学生和教材情况,安排好教学进度,编好授课时间表,准备好教具,认真备课、撰写教案、试讲、上课、听课、评议。努力从心理、思想、理念、措施等方面按教师的要求充分做好课堂教学的准备工作。不断完善细节,积极参加实习学校组织的各类教研活动,总结经验。

实习生课后要认真听取指导教师评议,写好课后反思,记好听课记录,尝试组织学生开展学科课外活动,积累经验。

(2)做好实习班主任工作

实习生应细心揣摩学习班主任老师的管理思想及相应的措施,观摩班主任老师组织的班级活动,介入班级日常管理,全面接触和熟悉学生,在实习期间尽可能地从学习态度、学习习惯、学习方法、心理品质、思想状况、行为习惯等方面帮助一到两个学生,努力做好后进生的转化工作(晓之以理,动之以情,循循善诱,以理服人),把实习工作落实到每一个细节当中,每一个环节都需要认真总结,理性分析。

三、融入学校生活

师范生进入学校实习,最重要的是和所在学校包括实习指导老师在内的所有老师建立良好的人际关系,和学生融洽相处,尽快融入学校生活。

1. 熟悉学校及周边环境

实习生在进校前已经了解了实习学校的占地面积、周边环境、基础设施、学生情况、资源优势等情况。进校后,可以在实习过程中进一步熟悉学校的外部环境和内部环境,特别是学校的布局和设施。至于学生情况,在实习的过程中,随着与学生的接触与进一步交流,会逐渐有所了解。另外,校园周边环境也会对学生有一定的影响,如周围都是居民区,闲杂人员多,治安环境差,对学生的安全来说会产生不良影响。相反,若校园在大学园区,有良好的人文环境和较高的居民素质,对学生来说也会产生好的影响。

2. 作息时间

任何一所学校都有严格的作息时间。实习期间,每一个环节的工作都需要用心去做,实习生要融入学校生活,首先需要了解并且严格执行实习学校的作息时间。如走读生何时到校、离校,住校生何时起床、就寝,全校学生的上课时间、做操时间、课间休息时间、课外活动时间、综合实践活动时间、社团活动时间,学科活动时间,学科教师的教研活动时间等等,都需要牢记在心,并准时参与相关活动,以主人翁的姿态和学校师生打成一片,自然融入学校生活。

3. 与指导教师沟通

对实习生来说,应该做到积极进取、认真负责、谦虚谨慎、勤学好问,尤其应该与指导教师建立良好的人际关系,主动向指导教师汇报思想,汇报工作,请求指教。实习生要学习优秀教师的课堂教学艺术和教学管理方法,增加对教学常规的感性认识,从而从知识上和能力上为毕业实习作好准备。

（1）与学科指导教师沟通交流

与学科指导教师沟通交流,有助于实习生很快进入教学状态,把握课堂教学的方法与步骤,学习使用教材的方法和策略,对实习生学习调控课堂的方法和技巧、学习管理课堂的技巧、学习观察学生了解学生的有效途径、学习学情分析的方法、学习科学地布置作业的方法、学习课外辅导的方法、学习课后反思的方法和途径等等,大有裨益。我们知道,实习中的听课和作为学生的听课完全不同:一个是为了学习教学方法,一个是为了学习知识。目的不同,听课的关注点也不同,如实习生更关注指导教师的上课方式、上课思路。在学科指导教师的指导下,实习生可以把在大学里所学的教育知识和在听课过程中所学到的知识、获得的经验,直接应用到自己的备课、讲课中。

（2）与实习班主任沟通交流

与实习班主任沟通交流,有助于实习生尽快了解实习班级的整体特点,包括班风、学风、文风、学情等等。这样,既可以针对个别学生的有关情况设计教育活动,又可以针对班级学生的整体情况开展活动,如主题班会的设计安排、课外活动的设计与安排、学校大型活动的组织与实施等。通过组织开展班级的各项活动,实习生可以全面深入地了解学生(如关注学生的生活世界、生命价值、空闲时间、生存方式、心理世界等),并有针对性地开展实习工作,顺利完成实习任务。因为班主任是最了解班级学生的,也是最懂得学生的,所以通过原任班主任对所带班级学生情况的介绍、讲述与评价等,实习生能够准确地掌握第一手信息资料,从而保证班主任工作实习的顺利开展。

专题三

教学实习

我能行

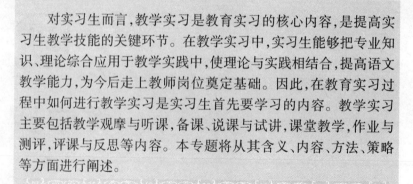

　　对实习生而言,教学实习是教育实习的核心内容,是提高实习生教学技能的关键环节。在教学实习中,实习生能够把专业知识、理论综合应用于教学实践中,使理论与实践相结合,提高语文教学能力,为今后走上教师岗位奠定基础。因此,在教育实习过程中如何进行教学实习是实习生首先要学习的内容。教学实习主要包括教学观摩与听课,备课、说课与试讲,课堂教学,作业与测评,评课与反思等内容。本专题将从其含义、内容、方法、策略等方面进行阐述。

一、观摩与听课

1. 教学观摩

(1)什么是教学观摩

　　教学观摩是一种常见的教学实践活动,就是教师或相关人员旁听一些优秀教师的课,从授课教师的教学过程中学习和吸取其先进的教学经验及教学技巧。

　　不同形式的教学观摩有不同的意义。一般而言,新任课教师或实习教师观摩优秀教师的课堂教学,是为了学习优秀教师的教学技巧,提高分析课堂教学的能力;研究人员进行教学观摩是为了开展教学的研究工作,从教学实践中总结经验,提高教师教学的综合水平;学校领导进行教学观摩是为了检查教学效果,了解学生的反应等,从而选拔优秀教师。

(2)教学观摩的类型

　　按活动组织者的目的,教学观摩大致可分为示范性、研究性、汇报性、评优性等几种类型。实习生经常参与示范性教学观摩,有时也参加相关的研究性教学观摩。

　　示范性教学观摩即为了学习、推广先进的教学理念、教学方法而组织教师进行的教学观摩。这类课一般是由特级教师、名师或在某一方面有特色、有创新的教师上课。研究性教学观摩是观摩

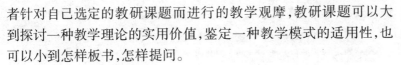

者针对自己选定的教研课题而进行的教学观摩,教研课题可以大到探讨一种教学理论的实用价值,鉴定一种教学模式的适用性,也可以小到怎样板书,怎样提问。

(3)如何进行教学观摩

①端正态度,视听并用。教学观摩是一种大规模的听课活动,在教学观摩中,听课的人数往往比较多,听课者通常不直接参与课堂教学。被观摩对象既有优秀教师、教学能手,也有新任教师。听课者只有端正听课态度,认真观摩学习,才会有收获。不能因自己的喜好而有偏见地进行教学观摩。课堂是有缺陷的艺术,即使是教学名师上课,也不一定是完美无缺的。教学观摩不仅要听出特色、听出精髓,同时也要听出潜在的问题。因此,作为听课者,一定要端正态度,认真、仔细地听课,观察教学效果,做好观摩记录。

②详细记录,突出亮点。被观摩的课堂教学亮点颇多,有的是教学方法的改革,有的是教学设计的创新,有的是教材的独特处理,有的是教学手段的尝试等等。实习生在进行教学观摩时要认真观察,详细记录,突出亮点,不仅要观察学习宏观方面的亮点,也要从细微处观察,如授课教师的眼神、手势、话语等,从而借鉴用于自己的教学实践中。

③听思结合,比较分析。在教学观摩过程中,实习生既要聚精会神地听,还要勤于思考,力求听思结合。在思考的过程中,实习生可以用比较的方法来分析问题,比如授课教师是怎么处理教材的,为什么要这样处理,这种处理方法能否运用于自己的教学中,并将思考的问题及时记录下来。比较学习,取其之长,补己之短。

④观察互动,汲取智慧。新课程理念的核心之一就是,教学是师生互动的过程,学生是学习的主体,教师是引导者。因此,在新课程背景下的教学观摩不仅要观察教师如何教,更要观察学生如何学,观察学生在课堂上学习的积极性,观察学生在本节课中的收获,观察教师和学生之间的互动。不仅要观察学生的言语,也要观察学生的行为,以及学生通过外在言行体现出的情感和态度的变化。从教学细节中学习教学理念及处理教学问题的方法技巧,是实习生进行教学观摩、汲取教学智慧的最有效的方法。

2. 听课

听课是常规的教学工作之一,也是实习教师在实习学校的"必修课"。对于实习生而言,听课不是目的,而是增长知识、扩大视野、汲取智慧、提高教学能力的手段和途径。

（1）听课的目的

①从整体上去观察、把握课堂教学的基本情况。实习生应用整体系统的思维去听课，从教学结构、教学语言、师生互动等方面整体地观察课堂教学，对授课者的教学进行综合而全面的评价，不能只局限在课堂教学的某个侧面。

②学习借鉴教师的教学长处。实习生听课最直接的目的是学习借鉴授课教师的教学长处，以提高自己的教学水平。因此，要抱着学习的态度去听课，在课堂中认真观察，仔细记录，课后及时反思，以其之长补己之短，以便更好地把授课教师的实践智慧转化为自己学习借鉴的财富。

③诊断课堂教学存在的问题。听课者不能只看到授课教师的"过人之处"，也应看到其教学中存在的问题。例如授课教师上课出现的问题在实习生的教学中是否普遍存在？那么，怎样才能避免此类问题的出现？只有看出问题，才会探讨研究，教学才会得到改进。

④改进自己的课堂教学。苏霍姆林斯基说："听课和分析课的目的，是为了研究和发展教师的经验，把个别教师的经验变成集体的财富，用以丰富全校创造性的实验。"①实习生在实习学校要广泛地听课，不仅要听经验丰富的老教师的课，也要听同伴的课，不仅要听本学科的课，也要听其他学科的课。在听课中提高分析课的能力，积累经验，吸取教训，改进自己的教学。

（2）听课的类型

根据听课的目的可将听课分为集中型听课、检查型听课、评比型听课、调研型听课。

集中型听课是指实习生在实习学校上课前集中听学校教师的课。集中型听课可分为横向听课和纵向听课。横向听课是指听同年级教师的课，既要听实习指导教师的课，也要听其他实习生的课，既要听同科目老师的课，也要听其他科目老师的课。听实习指导教师的课可以学习其讲课技巧；实习生之间的彼此听课，可以互相学习优点，改进不足，从而有效地改进自己的教学。教学是相通的，听不同学科的课，可以从另一种教学思维中汲取有益于教学的营养，如英语教学的方法也可应用于语文教学中，数学授课思维可以为语文教学

---

① ［苏］B.A.苏霍姆林斯基：《给教师的建议》，杜殿坤编译，教育科学出版社1984年版，第429页。

打开另一扇窗。纵向听课是指听不同年级教师的课。

检查型听课是为了了解学校教学工作的情况而进行的听课活动,其组织者一般是上级教育部门或学校的领导。

评比型听课是为了对教师作定性评价的听课活动,评优课、考核课及评优秀学科教师、特级教师等的听课活动都属于这一类型的听课。参加评比型听课,实习生要参考学校制定的评课细则抓住不同教师的授课特点,以供课后分析参考。

调研型听课是为了研究探讨有关教育教学问题而进行的听课活动,如研讨课、实验课。开展调研,要有选择地反复听课,新的教学方法或教学设计是在多次的实践中逐步完善和提高的。如果实习生的调研课题是关于课堂教学方面的,要获得真实可靠的资料就要有意识地听课。

(3)听课的要求

①明确目的,端正态度。听课首先要明确听课目的,端正听课态度。在走进教室之前,首先要问自己:我为什么来听课? 是学习还是研究? 作为一名实习教师,无论听哪个教师的课,都要抱着学习的态度。

②熟悉内容,了解环境。要想通过听课真正学到点东西,在听课前一定要做足准备工作。首先要明白今天听谁的课,授课教师所教的内容是什么,其中的教学难点在哪里。只有熟悉教学内容,才能明白授课教师的教学设计。不仅如此,实习生走入教室后,还要注意观察教室的布局,尽量选择不引人注意的角落坐下,并且要及时观察学生的状态,也可以在上课前和学生攀谈,了解其对本节课知识的掌握情况,还可以画一个教室桌椅排列草图,以备使用。例如,有的教师为了观察课堂提问情况,从草图中看授课教师习惯提问哪些同学,是座位靠前的还是集中在中间几排的。熟悉听课内容,了解听课环境,是为听课活动做准备工作。

③听看记思,四位一体。结合听的看是捕捉课堂主要信息的关键行为。看教师的教,主要看教师对重难点的处理,教法学法的设计,教学基本功的展示等;看学生的学,主要看学生的课堂表现、学习参与程度、学习习惯等。听课也要有重点、有目的地听。听课时,在观察课堂行为的同时还要及时记录,积极思考,思考这堂课的处理是否恰当,是否贯彻了新课改的理念,是否能运用到自己的教学中。听课时要听看记思相结合,缺一不可。

④方法灵活,图表为主。听课就要做相应的听课记录,以便为

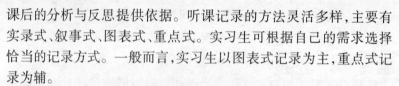

课后的分析与反思提供依据。听课记录的方法灵活多样,主要有实录式、叙事式、图表式、重点式。实习生可根据自己的需求选择恰当的记录方式。一般而言,实习生以图表式记录为主,重点式记录为辅。

图表式:在听课前根据需要制作相关表格,听课时用图表的形式记录课堂的教学过程。(参见表1)

表1 《骆驼和羊》的听课记录

教学环节 所用时间	学生活动	教师活动、主要提问、板书
一、准备活动(1分15秒)	(全班学习)学生背诵《木兰诗》,一边背一边表演	
二、复习第一小节(3分27秒)	(全班学习)背诵课文第一节(27秒),给动画配音(41秒),朗读(27秒)	放多媒体动画
	(全班学习)师生问答(1分15秒)	放多媒体动画"骆驼做了什么事证明高比矮好?"
	(个别学习)学生自己读课文(37秒)	教师要求学生多读几遍,直到朗朗上口为止
三、学习第二小节,进行朗读训练和创造性思维训练(15分06秒)	(全班学习)几个学生起来读(1分56秒),学生集体朗诵(38秒)	教师分别叫几个学生起来朗读,几个学生读完后,教师注意用不同的方式鼓励学生,使学生踊跃参与,重复读了几遍也不觉得枯燥,"还有谁能比他读得更好? 请站起来。"
	(小组学习)做填空题,分组讨论(41秒)	"请大家做一道填空题,有些答案是书上找不到的,如果做得出来,说明大家真的读懂了。先自己做,也可以小组讨论一下。""骆驼_____就吃到了_____,这说明_____。羊_____起前腿,_____在墙上,脖子_____得老长,还是吃不着。羊心里是怎样想的?"
⋮	⋮	⋮

教学环节 所用时间	学生活动	教师活动、主要提问、板书
四、学习第三小节，让学生运用表演来学习（8分49秒）	（全班学习）给动画配音（1分14秒）	放多媒体动画
	（全班学习）师生问答（40秒）	"羊摇了摇头，不肯认输，为什么？"
	（个别学习）看书找句子（37秒）	请学生看书上第4页，找一找哪些句子写出了羊的得意扬扬，哪些句子写出了骆驼的狼狈
	┊	┊
	（小组学习）学生分角色表演（1分）	请学生分角色表演第三小节，一个演小羊，一个演旁白，自由结合进行表演学习
	（全班学习）两组学生示范表演（1分54秒），全班学生一起表演（2分35秒）	

备注：《骆驼和羊》是小学二年级的一篇语文课文，这是第二课时的听课记录。[①]

由此看来，图表式听课记录使用方便，类目清晰，记录完整，它是广泛应用于中小学听课的记录方式。

重点式：记录课堂较典型的事件，如重点记录教师的行为、教学步骤及学生的表现。

下面是笔者关于《扁鹊见蔡桓公》的听课记录，以供参考。

一、简介韩非和《韩非子》。（投影）

二、由"讳疾忌医"引出《扁鹊见蔡桓公》。（以上4分钟）

三、感知课文。1.学生自由朗读。2.师生正音正字。3.学生复述大意。

四、理清思路。学生分层次并叙述各层意思。（以上15分钟）

五、体验理解。1.分角色朗读（扁鹊、蔡桓公、旁白），先小组后全班。2.处理课后练习一、二、三题。3.讨论课文的意义，教师总

---

① 唐晓杰：《课堂教学与学习成效评价》，广西教育出版社2000年版，第101—103页。

结。（以上 20 分钟）

六、联系实际。处理课后练习四。（拖堂 3 分钟）

这也是中小学听课普遍采用的记录方式之一。这种记录方式自由灵活、过程完整、重点突出、详略得当。

二、备课、说课与试讲

1. 备课

（1）含义及作用

①含义。备课，也称教学设计，即上课前的准备工作。备课有狭义和广义两种含义。广义的备课是指教师不断地学习，不断地更新专业知识、增加文化积累，总结与反思教学经验，从而上好所有的课，体现的是"终身备课"理念。狭义的备课主要是指课前备课，即教师根据学生实际，在课前认真研究所教的内容，确立科学的教学目标，采用恰当的教学方法，引导学生达成目标（知识、技能、情感和价值观），从而上好具体的一堂课。这里所说的备课，是指狭义的备课。

②作用。教师通过备课，制订总体教学计划，有利于课程的实施。在新课程标准下，根据具体教学内容和学生实际确立符合实际的教学目标和教学设计，有利于保障教学的有效性。通过课前的精心准备，实习生能够克服紧张情绪；通过不断的反思与再备课，实习生能够提高备课能力。

（2）备课的基本步骤

备课要求做到"五有"，即心中有纲（课程标准）、腹中有书（广泛涉猎，熟悉教材）、目中有人（学生）、心中有法（教学方法）、手中有案（教学方案）。其基本步骤也是围绕这"五有"展开。

①吃透教材。一般可从宏观、微观两方面准备。

宏观上应作好以下三方面准备：研读课程标准；通读整套教材，进行整体把握；着眼单元教学内容。首先，要熟悉新课标的精神要求，正确解读新课标的内涵与要求。要在新课标的宏观指导下备课。其次，要通读语文教材，从整体上把握编者的编辑意图、编辑体系、训练梯度等等。学校教师在开学伊始都要编制本学期的教学计划,虽然学校没有对实习生作如此要求,但实习生在具体备课时要参考实习指导教师的教学计划。每一阶段的教学都是一个整体,因此实习生在备课时,至少要通读本学期的教材,从整体上把握教材,联系学生在学习本节课前的知识储备,然后再着眼于本单元的教学内容。

微观上应作好以下几方面准备:第一,阅读课文,掌握大意。第二,研读课文,分析文章。在掌握大意的基础上,采用"庖丁解牛"的方法研读课文,分析文章的结构、语言、情感、内容、写作手法、修辞手法等方面。这是逐字逐句逐段认真揣摩的过程。如分析一篇小说的人物形象,从肖像、语言、动作等方面去分析,去揣摩人物的心路历程。研读课文,重点是教师对文本的深入解读。教学参考书只是辅助资料,未经过自己独立思考就看教参的做法是不当的,教师对文本应该有自己的解读。第三,广读博览,集思广益。充分备课,就要在自己解读的基础上,广读博览相关参考书,进行比较、思考,从而加深对课文的全面理解。著名特级教师程翔在进行《荷塘月色》的备课时,不仅反复读课文,查阅参考资料,而且读了朱自清的很多书,还给朱自清的研究者写信探讨,并且收到回信。由此看来,教师要充分备课,不能只局限在手头仅有的几本书,而要广读博览,集思广益。第四,比较分析,确定重难点。学生都是在已有的知识储备的基础上学习新课文的,因此,教师在备课时可以采用比较的方法,和与本文相似的文章进行比较分析,看看学生已经掌握了哪些知识,对哪些知识还有疑点等,从而确定本节课的重难点。第五,总结回顾,查缺补漏。经过以上的钻研,对文章有了一定的分析与认识,下一步就要进行整理、总结。在整理、总结的过程中要根据课时安排有的放矢,同时看看有没有遗漏的知识点,这样才会使教案更具有可行性。

②把握学情。教学活动的主体是学生,因而备课时要了解学生,以学生为出发点。

了解学生的一般情况,包括班级学生的性格、爱好、学习态度、学习习惯、学习方法等。

教师要做个有心人,平时可通过观察、谈话、调查、看学生作业与作文等途径了解学生。

了解学生对课文的熟悉程度,包括学生的预习情况,已有的知识储备情况,对于这篇课文的学习兴趣,可能存在的学习难点等等。教师要注意学生的差异性,可根据多数学生学习程度大体相同的情况来安排本节课的重难点,但要尽可能发现个别学生的认知差异,以便在课外或课堂中进行个别辅导。

除此之外,教师还可以通过其他方法了解学生的学习情况。

③精心设计。教师在透彻掌握教材和深入了解学生之后,就要在此基础上合理安排教学步骤,精心进行教学设计。要考虑通过什么样的方法能够调动学生的学习兴趣,使其主动乐于参与课堂教学活动。一般来讲,教师应考虑这些问题:这篇课文分几课时教学? 采用什么样的方法教学? 怎样导入才能使学生自然而然地进入教学情境? 教学目标、重点难点如何呈现? 能否选一个"牵一发而动全身"的问题?

④编写教案。教案内容一般包括课题(即课文的题目)、教学目标、教学重点难点、教学方法、教具、教学过程、课时安排、课后记录等。

教学目标的制订要把握三点:第一,根据语文课程标准的要求,从"知识与技能"、"过程与方法"、"情感态度与价值观"三个维度设计教学目标。第二,教学目标的制订要基于学生的实际,根据具体的学情分析来制订。第三,要根据教学内容和文体特点来制订教学目标。比如,诗歌教学的教学目标多为诵读、体味诗歌语言及情感,小说教学的教学目标多为人物形象的分析等等。此外在教学目标的表述上要注意,行为主体一定是学生,即学生学到什么,如"有感情地朗读课文,揣摩文章清新淡雅的语言美",目标的达成尽量是可测量的,如"学习并把握'得无异乎'等三个文言句式"。

教学重点就是在本节课中学生重点学习并把握的关键问题,如小说教学中人物形象的分析。教学难点是大多数学生不能理解或理解困难的问题,如《祝福》中礼教杀人的本质问题。教学重点的确定一般从三个方面着手:一是根据新课标中对学生的要求确定,如在小说教学中倾向于人物内心的剖析。二是根据单元目标和学习内容确定,如人教版七年级下册第一单元的前言中说的"学习这个单元,要整体把握课文内容,并结合自己的经历和体验,深入体味文中的情感,注意学习文章的表达技巧"。那么,在确定教学重点时就要考虑情感与文章的表达技巧。三是根据学生的具体实际情况确定。教学难点的确定,要在充分了解学生的基础上进行,比如教师在教学中常常遇到的问题,自己感觉难于解决的问题,这可以通过学生课前的预习情况来了解。对于教学难点的突破,实习生可以联系上下文语境与学生已有的经验,结合相关背景知识,将复杂的问题简单化,进而逐个突破。

教学方法,即教学中所使用的方法、手段,如诵读法、合作探究法。教学方法要根据教学内容、教具的准备、教师的技能来确定。诗歌教学中,诵读法使用较多,小说、散文教学中合作探究法使用较多,话剧教学中可以使用表演法等等。多媒体使用要恰当,图片、声音、视频不宜过多,以避免声响效果代替学生的文本体验。总之,教法的确定要综合考虑,并且能够在教学中恰当地使用。

(3)备课的策略

备课的策略不是一种模式,而是一种思路,不能机械地搬套。备课的策略很多,这里只介绍以下两种。

①文本解读策略。文本解读,即通过阅读文学作品,分析研究其内涵,从而形成自己的理解与体会。文本解读的价值在于读者与作者的交流,即读者走进文本,走近作者,形成自己对文本的理解。

首先,实习生要熟读所教课文,了解作者及写作背景,多方面查找相关的辅助资料,丰富自己对文本的解读。其次,读,不仅要读出文章的表层含义,还要读出文章的内涵与精髓,要对文章"咬文嚼字"地读,"含英咀华"地品,读出文章的味道。逐字逐句地分析,推敲文章的重点字词,体会其在语境中所表达的意蕴,所流露出来的感情。再次,由于文本解读具有开放性、多元性、时代性的特点,故文本解读要读出作品的现实意义,结合学生的实际进行多元的解读。如《阿 Q 正传》,每个人对阿 Q 都有自己不同的理解,正所谓"说不尽的阿 Q",教师在教学中不能以教参的人物分析来限制学生的思维,要借此打开学生的思维,进行多元解读。实习生备课时的文本解读要结合学生的实际,主动寻找、预测学生在解读过程中可能存在的障碍,寻找相应的解决策略。

②预设生成性策略。预设就是根据教育目的和学生兴趣、学习的需要以及已有的知识经验,以多种形式有目的、有计划地设计教学活动。生成是指教师依据学生的兴趣、经验和需要,在与环境交互作用中进行有效的动态调整,以引导学生生动、活泼、主动地进行新知识的探究。[1]教师备课的过程是不断地预设问题的过程,

---

[1] 赵才欣、韩艳梅等编著:《如何备课》,华东师范大学出版社 2009 年版,第 67 页。

根据对教材的深入理解及学情的了解,可以预测学生在哪里会遇到问题,哪里是教学重点难点。但学生是不断发展的个体,教师不可能预设到学生的所有问题,因此,教师在备课时要留有教学生成的空间,这样才会使课堂张弛有度。

要正确处理好预设与生成的内在关系,要求教师能够及时捕捉学生学习中的重点问题,深入地了解学生、解读学生,让有价值的问题延伸、发展,使学生成为课堂中的主人。

(4)备课的方法

备课的方法很多,比如:仔细钻研教材,研读文本;借鉴优秀教师的成功案例;集体备课,扬长补短(同课异构备课法);联系前后,系统备课;等等。实习生经常使用的有资源借鉴法、同课异构法等。

①资源借鉴备课法。通过借鉴他人已有的经验,形成自己的备课内容。对于刚刚走上讲台的实习生而言,借鉴其他教师的备课教案可以激发自己的备课灵感,有利于教学目标的确定与教学重难点的把握。但是,对于他人的成果只能"借鉴",不能"照搬",应提倡在继承中创新,形成自己的教学设计。因为每个教师的教学风格不同,所教的学生不同,所以别人的教学设计不一定适合自己的实际教学。

②同课异构备课法。"同课异构是指不同教师根据自己的理解对同一教学内容制订不同的教学方案,也就是教师集体研讨教学问题,找出适应自己教学的解决方案。同课异构教学研讨为教师提供了一个面对面交流互动的平台。"①交流中,教师共同探讨教学中的重点难点问题,探讨教学艺术,交流彼此的经验,或者针对一些教学难点,多维度地思考。创造的火花是在集体探讨的过程中被激发的。同课异构正是教师在教学研讨活动中,认识到学生的个体差异,能够基于学生不同的认知水平、身心发展特点而制订出符合学情的教学方案。同课异构更加重视"同",因为学生的年龄、认知发展规律有很大的共性,同一篇课文的教学重难点也会相似。而"异构"的目的是为了提高教学的有效性,而非为了"求异"而"求异"。因此,同课异构要突出教师间的研讨,突出教师听课、评课后的反思和"二度教学设计"。同课异构体现了集体备课的优

---

① 赵才欣、韩艳梅等编著:《如何备课》,华东师范大学出版社2009年版,第67页。

势,在探讨中集思广益,从而吸取其他教师的备课亮点,弥补自己备课的不足。

附:关于《散步》的教学设计①

一、教学目标

1.整体感知课文内容,理解文章尊老爱幼的人性美。

2.涵泳阅读性课文,品味文章生机蓬勃的意境美。

3.有感情地朗读课文,揣摩文章清新淡雅的语言美。

二、重点、难点

1.重点:

(1)整体感知课文内容,理解文章的人性美。

(2)有感情地朗读课文,揣摩文章的语言美。

2.难点:理解文章的人性美,品味文章的意境美。

三、教学手段:多媒体

四、教学时间:一课时

五、教学过程

(一)激情导入(2分钟)

有一种水,能让你喝醉,这种水叫做母爱,因为母爱如水。有一座山,能让你坚韧,这座山叫做父爱,因为父爱如山。我们的父母在艰辛和苦难里繁衍生息,才有了我们的幸福与安宁。如今,他们老了,屏弱的双肩担不起重负,今天就让我们搀扶着他们走进暖暖的春日,去进行一次心灵的散步。

(二)读文生情,整体感知(8分钟=5分钟+3分钟)

1.配乐朗读,思考:

(1)文中写了一件什么事?

(2)从文中的字里行间,你看到了一个怎样的家庭?

2.反馈、点评、小结:

(1)我们一家四人在春天的田野里散步。

(2)归结为"和美"。

(三)研读入境,合作讨论(10分钟=5分钟+5分钟)

1.在整个散步过程中,你最欣赏谁的表现?理由是什么?(小组口头)

2.走大路还是走小路的问题上,到底谁说了算?(班上书面)

---

① 蔡伟:《语文课程与教学研究》,浙江大学出版社2008年版,第127—135页。

(四)涵泳入理,品味探究

1.思考:文章哪几个段落有写景的片段?分别写了哪些景物?

第4段:田野、新绿、嫩芽、东水;第7段:菜花、桑树、鱼塘。

2.思考:从你更喜欢的片段中感悟到了什么样的意境和哲理?

第4段:意境:蓬勃的生机——哲理:珍爱生命;

第7段:意境:春天的召唤——哲理:热爱生活。

(五)赏读入心,拓展运用(15分钟)

1.展示:"前面也是妈妈和儿子,后面也是妈妈和儿子"。猜猜老师喜欢它的原因。

2.(3分钟)反馈:形式——形式对称,音韵和谐,相映成趣,清新淡雅。内容——生生不息。

3.这样的句子在文中还有很多,请画出来。(每组看两段,找到一句即可举手)

4.(3分钟)深情赏读:领读——跟读,评价。

当我们闭上眼睛,一幅幅感人的画面便呈现在我们面前,是谁在日落黄昏时,倚在窗前焦急地盼我们归家,又是谁在我们出门时,仔细叮咛?当然是我们的父母。

5.(4分钟)仿写:"爸爸妈妈是_____;我是_____。"

("和美"的家需要我们用心去经营,需要我们用责任去支撑。)

6.(5分钟)朗读最后一段,感悟最后一句的含义。

7.反馈、小结:以小见大,体现了作者强烈的责任感和使命感。(再读)

六、课后作业(父亲的故事过渡)

1.为你的长辈做一件你力所能及的事(如洗脚、洗衣、梳头等)。

2.将这一过程及感受写成一篇300字左右的短文。

2.说课

(1)说课的概念及作用

①概念。"说课,就是教师以教育理论为指导,在精心备课的基础上,面对同行、领导或教学研究人员,主要用口头语言和有关的辅助手段阐述某一学科课程或某一具体课题的教学设计(或教学得失),并与听者一起就课程目标的达成、教学流程的安排、重点难点的把握及教学效果与质量的评价等进行预测或反思,共同研

讨进一步改进和优化教学设计的教学研究过程。"①简而言之,说课就是授课教师以口头(现场说课展示)或书面(撰写说课稿)的形式,向同行系统地阐述自己对某一节课的教学设想(教学思路)及其理论依据。

②作用。通过说课,听者可以大致了解授课教师的教学思路,进一步认识其教学设计意图;通过同行间的交流学习,教者可以反思教学,找到自己的不足,总结经验教训,有利于教师个体与群体的综合评价,有利于新课改下的教师的专业成长。实习生说课,能够明晰教学设计的理论依据和教学理念,加深对教材的理解及教学目标的把握,加强对教法学法的选择优化,并能提高语言表达能力。

(2)说课的内容

说课的内容主要包括教材、教学目标与教学重点难点、学情、教法、学法、教学过程、小结等。

①说教材,即阐述对教材的理解,主要是说课文在本册教材中的地位、教学内容的分析与处理。说教材不是对教材的简单介绍,而是说课者阐明对教材的深入挖掘及对文本的研读情况。

第一,说教材的地位,即分析这篇课文在这一单元乃至这一册教材中的地位。如人教版高中语文课程标准实验教材第五册,第一单元共三篇文章,分别是施耐庵《林教头风雪山神庙》(精读)、契诃夫《装在套子里的人》(精读)、沈从文《边城》(选读)。《装在套子里的人》是本单元的第二篇课文,说课者除了应说明它与其他两篇课文的异同点之外,还应说明它在这个单元中的地位及编选意图。

第二,说教学内容的分析与处理,即对所教课文的研读,包括对主要内容的理解、对写作手法的分析、对写作背景及写作意图的了解、对文章主旨的把握等。如:

《爱莲说》是八年级上册第五单元的一篇讲读文言文,它在全册古文教材中有承上启下的作用:它上承《陋室铭》,能综合运用记叙、描写、议论等方式来表达;在语句方面,它又讲究骈散结合,使学生能顺畅地朗读并背诵,这对后面的古文学习又有着启下的作用。

本文是北宋哲学家周敦颐写的一篇托物言志的名文,旨在托

---

① 周勇、赵宪宇主编:《说课、听课与评课》,教育科学出版社 2004 年版,第 19 页。

"莲"以表达自己不慕名利、洁身自好的生活态度,同时也讽喻了当时追名逐利、趋炎附势的世风。①

②说教学目标与教学重点难点。说教学目标,不仅要说明教学目标的内容,还应说明确切的依据。实习生在说教学目标的内容时,可以从识记、理解、掌握、应用四个层面上分析教学目标,避免千篇一律地提出"通过教学,使学生理解×××"一类的套话。说教学目标确切的依据可以从以下几个方面入手:是否从新课程的三个维度设计教学目标,所设计的教学目标是否兼顾语文课程的"工具性"与"人文性"两个方面,是否符合学生认知发展规律等。此外,教学目标的确定,要与教材分析和学情分析保持高度的一致,并且要有落实的具体措施。

说教学重点难点,主要阐明教学重点难点是什么,并说出确切的依据(为什么),以及在教学中如何突破。如:

根据大纲的要求、本文特点、在教材体系中所处地位和编选意图,我确立了如下教学目标:(1)知识目标:认识人物形象的思想意义;(2)能力目标:学习探究性阅读和创造性阅读,提高想象能力、思辨能力和批判能力;(3)情感目标:认识因循守旧的危害性、根源及勇于改革创新的重要性。

《装在套子里的人》一文语言浅易,情节简单,人物关系单纯,学生在第一课时整体感知了情节和人物形象,对文中的内容已基本掌握,但对于小说深层的内容及主题,却并不能准确深入地了解和把握。因此,在教这篇课文第二课时时,在内容上,不想加入过多的政治因素,而从人性的角度入手去理解主题,去探讨主人公精神的缺失和人格异化,让学生在学会生存、学会做人上有所收获;在方法上,以促进学生合作学习、自主学习为目的,尝试打破常规,力求创新,激发学生深入研读课文的兴趣。为此制定如下教学重点和教学难点:

教学重点:(1)分析别里科夫这一形象的典型意义。(2)拓展延伸,探讨"套子"的现实意义。

教学难点:认识因循守旧的危害性和根源。②

---

① 李廷科:《〈爱莲说〉教学设计(说课稿)》,载《中学教学参考》2010 年第 28 期,第 43 页。

② 武晖:《〈装在套子里的人〉说课教案》,载《中学语文》2010 年第 3 期,第 43—44 页。

③说学情，即分析教学对象，主要包括学生的年龄、心理特征、兴趣爱好、已有的知识基础、学习状态等方面。新课程理念强调学生是学习的主体，因此，实习生说课要深入地分析学情。说学情时，可以结合教学内容，从所教学生的年级、知识基础与能力水平、学习方法与习惯等方面分析。说学情，可以单独说明，也可贯穿在教学目标与重点难点的分析中。如：

目前所任班级大部分学生喜欢阅读，喜欢语文课，喜欢历史故事，而且思维活跃，善于竞争与合作，善于想象与推测。其中部分学生有较好的朗读水平，能大胆地进行表演性朗读，同时语言表达能力较强。这些都是我们学好语文的有利因素。但不足的是：学生的理解概括能力不够强，班内后进生也不少，他们不善于思考，不能非常积极主动地投入到学习过程中来，这也是我应该考虑的实际问题。

语文教学中只有在讲读课中将学习方法传授给学生，并引导学生在阅读课文中加以运用直至掌握，才会真正达到比较理想的效果。本设计旨在通过学生"读"、"摆"、"思"、"谈"、"演"的方式完成学习任务。通过阅读让学生找出本文的重点句子，了解课文内容，然后抓住文中的重点句子来突破难点，知道两次比赛的过程和结果，培养学生的阅读能力；通过摆对阵图进一步了解田忌失败的原因及孙膑的足智多谋；通过"想一想、谈一谈"体会孙膑的足智多谋，知己知彼，深化人物性格特征，以培养学生想象和口语表达能力；通过让学生扮演记者采访孙膑和齐威王的好友，深化对课文的认识，锻炼学生的自我表现能力。①

④说教法与学法。说教法主要说明"怎样教"和"为什么这样教"，教者根据教学内容和学生的实际情况，在教学过程中准备采用哪些教学方法。新课程理念强调教师是课堂教学的组织者、引导者，因此，说教法可以从教师在教学活动中如何组织教学，如何引导学生学习，如何激发学生的学习兴趣，如何调动学生的学习积极性等方面分析。实习生说教法时要注意，一堂课所采用的教学方法不宜过多。如：

这是一篇十分感人的文章。所以我把朗读作为本文的主要教学手段之一。

这是一篇看似浅显实则耐人寻味的好文章。所以我把教师精

---

① 方贤忠编著：《如何说课》，华东师范大学出版社2008年版，第10—11页。

巧设问、层层深入与学生的积极质疑、主动探究紧密结合起来作为本文的又一主要教学手段。

这是一篇很有教育意义的文章。所以我尝试用创设情景的方法，激发学生进行反思，升华学生的思想情操。

（1）通过朗读感悟的方法，引导学生把握文章的基本内容和主要情节。

（2）通过合作交流的方法，引导学生抓住能反映人物品质的主要句子，把握主人公的主要品质和文章的主题。

（3）通过质疑交流的方法，引导学生深入地理解本文的标题含义，详略安排，陈伊玲为什么不讲明自己第二次考试失败的原因等，从而提高学生的小说鉴赏水平。

（4）通过情境创设的方法，培养学生的口头表达能力，提高学生的思想道德情操，体现语文学科人文性和工具性统一的特点。①

说学法，即说明教师对学生的学法指导。新课程改革强调学生的自主、合作、探究的学习方式，强调教师在课堂教学中对学生的学法指导。实习生在说学法时可根据学生学习方式、思维习惯等，结合新课程理念、所采用的教法及文本特征等方面来分析说明。如：

新教学大纲明确指出："要重视学生的实践活动，让学生在教学过程中主动学习、探究。要重视师生的语言交际和心灵沟通。""重视学生思维方法的学习。"据此，我确定了以下学法及能力培养：A.圈点、勾画、批注的方法。B.参照注解，动口动脑，培养学生自己获取知识的能力。C.指导学生进行正确的诵读。本课学习要反复阅读课文。在疏通文意的过程中，辨识"及"、"甚"、"少"、"为"等词的诸多义项，积累一部分实词和翻译知识。还要以第三段为重点，品读触龙的劝说语言，了解人物的思想感情，注意情境气氛的变化。在全部教学过程中，诵读应是最主要的学习方法。②

⑤说教学过程，即主要是说明教师教学设计的具体思路，每个环节的安排及其理论依据。此为说课的重点内容。一般而言，说教学过程大致可分为导入新课、讲授新课、课堂小结、板书设计、布置作业等五个环节。

---

① 方贤忠编著：《如何说课》，华东师范大学出版社2008年版，第11—12页。
② 邓克非：《〈触龙说赵太后〉说课稿》，载《现代语文（教学研究版）》2006年第8期。

实习生在说教学过程时要注意:第一,注重说理,强调理性思考下的过程设计。说教学程序也要按照说课的基本思路"教什么"、"怎样教"、"为什么这样教"来表述。不能只是介绍教学过程而缺乏理性分析,"教学程序自身的说明则是'理论依据'的表现形式和载体"①。第二,突出重点,详略得当。说课一般都有时间要求,因此在说教学过程时,教师要对整个教学设计作详略、主次的处理,突出阶段性和创新亮点,大胆删除无关紧要的具体内容。

下面我们从例子中看如何说教学过程:

1. 导语设计

如果说《祝福》中的祥林嫂是一个没有春天的女人,那么我们可以说别里科夫是一个没有晴天的男人。祥林嫂的口头禅是"我真傻,真的",别里科夫的口头禅是"千万别闹出什么乱子"。这些都给我们留下了深刻的印象。

注:在导语设计中,我的目的是让师生互动,将以前学的《祝福》与本文联系起来,适时、适地地将新旧知识作一个穿插。

2. 课堂探究

分为五个问题:想一想、议一议、说一说、猜一猜、辩一辩。

想一想:"千万别闹出什么乱子"这句话我们的长辈好像都说过,难道他们也是跟别里科夫一样的人吗?

议一议:中学学生被明令禁止在晚上9点钟以后到街上去,别里科夫认为穿绣花衬衫出门不好,我们校长也不许住宿生晚上9点钟以后到街上去,不许师生穿奇装异服,是不是我们校长也是专制的,思想也装在套子里了呢?

注:这两个问题是为解决教学重点1的内容,属感性认识,与身边生活相联系,通过比较,既加深对别里科夫的理解,又对身边现象有了正确的批判能力。

说一说:别里科夫死了,法官要查明死因,假如你是柯瓦连科,假如你是别里科夫的弟弟或妹妹,假如你是他的同事,请你陈述他的死因。

注:这一问题,让学生站在不同的角度看问题,会得出不同的结论,培养学生多角度看问题的习惯,属于理性思维,发展学生的想象力、思辨力。

猜一猜:作者塑造别里科夫这一形象,要告诉民众什么道

---

① 方贤忠编著:《如何说课》,华东师范大学出版社2008年版,第15页。

理呢?

注:这一问题是探讨作者创作意图的问题,也是探讨主题的问题,解决教学难点内容。由于主题带有多义性,此问题又有一定的难度,让学生猜一猜,鼓励学生挑战难点,调动学生发言的积极性。

辩一辩:"套子"可以比喻什么?通过本课的学习,你认为所有的套子都是不好的,都是应该抛弃的吗?

注:此题是解决教学重点 2 的内容,因为有时学完这一课,学生对套子全盘否定,这里一方面有纠正偏颇之意,另一方面将阅读与写作结合在一起,就规矩、制度、管理等问题让学生进一步思考。

3. 能力迁移训练

鉴赏 2004 年辽宁高考题中现代文阅读黎巴嫩作家纪伯伦写的《认识自己》,此文与本文有异曲同工之妙。(略)

4. 作业布置

改写别里科夫的结局。①

⑥说小结,就是对整个说课内容的简单总结,强调一下自己的教学理念及教学亮点,然后表示对各位评委、听众的感谢。

(3)说课的方法

①说课的准备方法。首先,要选好准备说的课。选定课题后,实习生要充分准备说课内容,合理安排各部分的比例,还可以多次练习,看看效果如何,改进不合理的地方。其次,要寻找教法的依据。说课不是讲课,也不仅是说教学设计,更具特点的是说理论,说依据,说明为什么要这样设计,学生回答有什么样的效果等。再次,要把握说课的程序。说课有一定的规范和程序。实习生说课一般比较生疏,在说课准备过程中可以咨询指导教师或参考网上相关说课视频,关注说教材、说学情、说教学目标、说教学过程的理性分析及表达的方式、技巧。

②说课的表达方法。说课主要通过语言、图表、图像、多媒体辅助工具来表达。尽管有多种表达方式,但说课重点还是教师的"说",语言要生动形象,富有感染力,有理有据,条理清晰,教态要从容大方。教师"说"的同时可以配以多媒体等辅助手段直观地展现说课的内容,调动听课者的视觉、听觉。说课一般有时间的限制,所以,在说课中要注意语速,不要随意拖拉。说课的新颖尤为

---

① 武晖:《〈装在套子里的人〉说课教案》,载《中学语文》2010 年第 3 期,第 43—44 页。

重要,说课要说出自己的风采。总之,说得大方,说得新颖,说得有理,说得熟练,就是一次成功的说课。

(4)实习生说课注意事项

①不要一味陈述教案,要说明教学理念和教学依据。

②说课不是讲课,但个别地方可以稍加展示(展现个人才华和听众不易理解的)。

③不要读说课稿,要按照思路,有重点、有层次、有理有据地说课。

④说课要注意突出创意亮点、个性风格,防止生搬硬套、剽窃抄袭。

⑤说课要以教学理论解决实际问题,简明扼要,不要空发议论。

⑥注意说课时间的把握,主次分明,防止拖拉,说课超时会扣分。

3.试讲

(1)试讲的目的

在上课之前,实习生一般要进行试讲。试讲的主要目的是考查实习生是否具有代课的能力。实习生通过试讲,能够对备课期间所做的教学设计的可行性加以检验,以便进一步调整教学内容和教学方法。同时能把其后正式上课时可能发生的问题、可能出现的差错,如教学语速、教态、教学风格等方面的问题,预先暴露出来,然后采取措施,有针对性地加以改进,从而提高自己的教学技能。

(2)试讲的形式与内容

①练习性试讲,即实习生为顺利通过正式上课前的通过性试讲而进行的试讲活动,包括个别试讲与小组试讲两种形式。

个别试讲,是指实习生自己按照教案上的内容,仿照正式上课的样子进行试教,虽然没有学生、教师等听课对象,但通过自己讲课,可以检查备课内容是否精当,教学环节是否紧凑,还可以使自己的讲课由生疏变熟练,教态由拘谨变自信大方。有时也可以请一两个同学旁听,提出改进意见。这种试讲因不拘地点、形式,较少受到限制,各人都可自由进行,能较快地提高讲课水平而受到普遍的欢迎。个别试讲更适合于朋友间的切磋和交流。

小组试讲,是指实习生以小组为单位,组员轮流上台试讲,其余组员在台下以学生身份听讲并回答提问,试讲结束后集体评议。

这是目前师范教育实习中最常用的一种方法,它能较好地模拟课堂实况,同时相互比较,取长补短。小组每组人数少的五六人,多的一二十人。人数多少各有利弊,一般以八至十人的中等组为宜。

在上讲台之前,小组成员间要不断地练习、不断地试讲。这种试讲形式只讲教学设计的某一部分,比如导入和诵读部分、人物分析部分等等。通过小组成员间的试讲,可以看到教学中存在的问题,比如试讲时的教态如何、导言设计是否合理、诵读情感把握如何等等。

②通过性试讲,即实习生在实际教学中面对学生的试讲,听课者还有实习指导教师或教研主任,本节课试讲是否成功决定着实习指导教师是否放心地把班交给实习生。首先,它能够检验实习生的教态。有的实习生缺乏在大庭广众面前讲话的实践,一上讲台就脸红心跳,满肚子的话讲不出;有的紧张得发抖,手足无措;有的虽能讲,但抓耳挠腮,形象欠佳。其次,它能检验实习生语言的自控能力。有的实习生一上讲台,出于紧张会头昏脑涨、语无伦次、不知所云,"因此平时试讲就要学会掌握语言输出的自我意识感,并能冷静地作出必要的控制和调节,这是教师讲课所必须具备的基本能力之一"①。试讲的内容要根据学生本学期的学习情况和自己的特长进行安排。因为实习学校的指导教师很可能根据实习生这节课讲得好不好而决定是否让实习生代课,这也是对实习生教学能力的检验。比如,有的实习生朗诵出色,同时又比较擅长讲诗歌,所以,当学生学到诗歌单元时可以向指导教师申请试讲,如果指导教师答应,那么就精心准备,争取在试讲课上一展风采。实习生在实习学校要珍惜在学生面前试讲的机会,充分备课,发挥出最好的水平,从而使实习指导教师放心地把班级交给自己。

(3)试讲的要求

①认真准备,熟悉教案。试讲前要认真备课,并且熟悉教案,熟悉学生,同时要坚定信心,克服怯场、紧张的情绪。

②充满信心,从容讲课。试讲时应严格按照课堂教学常规进行,从容冷静地上课。试讲最重要的就是沉着冷静、自信大方。要敢于面对学生,表情要自然,讲述、动作要从容不迫。如果课堂中遇到突发事件,要冷静处理,切忌慌乱,因为实习生是老师,其引导决定着课堂的进程。

---

① 张中原:《语文教育实习》,江苏教育出版社1991年版,第89—90页。

③过程完整,重点突出。实习生正式上课前的试讲决定着其是否能代课。试讲的对象是班级学生,听课者还有实习指导教师、年级组主任,表明本次试讲尤为重要。这就要求过程要完整,重点要突出。

④请人旁听,批评指导。试讲时要主动请学校教师指导或旁听,以便及时了解自己的优缺点。在试讲过程中,要注意内容安排的难易、前后环节的衔接,时间的分配,讲与练的结合,字词句的推敲,教学语言的使用,板书设计的安排等等,并在必要时作出切合实际的调整。

⑤认真总结,扬长补短。要注意认真总结经验教训,不但要知道自己讲授中的优缺点“是什么”,而且还要能找出“为什么”,以便今后采取有力措施,对症下药,加强训练,发扬长处,克服缺点。

三、课堂教学

课堂教学是高等师范院校实习生教育实习内容的核心部分,其效果和结果关乎教育实习的成败问题,因此,作为实习生应充分认识其重要性,并予以格外关注和重视。

就语文学科而言,课堂教学包括阅读教学、作文教学、口语交际教学、综合性学习教学等方面的内容。但在当前学校语文教学实践中,阅读教学和作文教学仍然被视为课堂教学的主体部分,口语交际教学和综合性学习教学所占比重较少,甚至有的学校只开设阅读教学和作文教学课。鉴于此况,本书主要聚焦于中学语文阅读教学和作文教学,内容上为了避开和教学论等课程的重叠,主要根据实习生的情况和需要,着重强调课堂教学中应注意的问题,对实习生在课堂教学的方法和技巧上加以指导。

1. 阅读教学应注意的问题

(1)要注意渗透新课程所倡导的教学新理念

①课堂教学中要渗透生活化理念。以往语文教学最大的弊端就在于缺乏时代气息,远离学生生活和情感体验,因此,学生无法利用生活中的情感体验解读教学内容,从而影响学生学习语文的

积极性。针对这一弊病,《全日制义务教育语文课程标准(实验稿)》和《普通高中语文课程标准(实验)》都非常注重语文教学同学生生活的联系。因此,实习生在课堂教学中要注意渗透生活化的教学理念,要建设开放性、动态生成性课堂,将课堂向学生生活开放。如讲解《紫藤萝瀑布》不妨与学生的成长联系起来,讲解《逍遥游》、《秋水》可以讲一些现代生活哲理等。只有与学生情感世界相联系,才能使学生产生认同感,才能被学生接受并有效建构。实习生在实习中要引导学生用心观察生活、记录生活,在生活中积累作文素材,在作文中写自己的生活经历,抒发源于自己生活体验的情感。

②课堂教学中要渗透对话互动理念。对话互动是指在阅读教学活动中,开展教师与学生、师生与文本、学生与学生之间的多重对话活动,实现平等交流、互相倾听,产生思想碰撞、心灵共鸣。其显著特征是:平等交流性,多元开放性,动态生成性。实习生在课堂中渗透对话互动理念要注意以下几个方面:第一,注意建立和谐平等的师生关系。只有在和谐平等中才会有真诚的心与心的交流,大家才能畅所欲言,达到真正的对话。第二,必须有明确的课堂教学目标。在进行对话互动之前,实习生一定要让学生明确对话的活动目标和操作步骤,让学生围绕教学目标有秩序地展开对话。第三,引导学生与文本对话,认真研读教材。一方面实习生要引导学生认真研读编写说明、引言、旁注,领会教材编者意图,与编者对话;另一方面要引导学生与作者对话,知人论世。第四,指导学生用心倾听,互相尊重,允许有不同答案,重视他人的情感体验。第五,引导学生与学生展开对话,让学生在讨论中产生思想碰撞,进行思想交流,理解彼此见解,在对话中共享知识、经验和情感。

③实习生要指导中学生开展自主、合作、探究学习。自主学习强调的是学生学习的自觉性、主动性和积极性,变"让我学"为"我要学"。这种学习方式的指导程序是:第一步,由学生自己确立或教师呈现学习任务及完成的标准和要求;第二步,学生自己制订学习计划并自己监督执行,也就是自学;第三步,学生自己检查学习效果;第四步,集体讨论,由学生向讨论组提交自己在学习中遇到的难点,大家一起讨论解决,在讨论当中教师是引导者、组织者,要对学生的讨论进行适时的点拨;第五步,教师讲解,教师要对学生未能解决的问题进行讲解,并把学生未涉及的重点难点贯穿到其中,引导学生深入、全面、系统地思考;第六步,组织学生进行练习

巩固,使学生及时训练,巩固学习效果,检查有无漏洞;第七步,根据整个活动情况进行小结,可以由教师和学生共同小结,教师引导学生总结自己在学习当中的收获、困惑、不足,教师将各知识点系统化,强调重点,讲解难点,指出学生的优点和不足。

合作学习是在教学中利用小组分工合作、协作交流的方式开展的学习活动,强调学习中的合作交流。它的基本过程是:第一步,选定课题,确定学习任务,提出课题要求和相关标准;第二步,组建学习小组,可以是三五人,也可以是七八人,但人数不宜过多;第三步,呈现材料,组员了解材料并订出学习探究计划、步骤,进行分工,将学习较好的同学和较差的同学搭配组合;第四步,开展活动,各个组员先完成自己的任务,然后交流成果,最后进行整理;第五步,提交小组学习成果;第六步,教师总结点评。在前五步的操作过程中,教师要进行指导和监督。

探究学习是基于问题,以主动的态度对问题进行主题式研究的学习方式,它是学生在教师的指导下自主地发现问题、研究问题、解决问题、获得结论的学习方式。进行探究学习一般有以下步骤:第一步,创设问题情景;第二步,发现并明确问题,对问题进行剖析,分析问题的性质、结构和解决问题所需条件;第三步,制订探究计划,选择合适的策略,分步骤进行探究;第四步,总结探究结果。

以上三种方式是对新课标下的学生学习方式不同角度的呈现。在实际操作过程中,它们是融合在一起的,实习生在实习中要注意引导学生结合使用。

(2)必须明确阅读教学的目的和任务

①阅读教学的目的是全面提高学生的语文素养。新课标把语文课程的目的规定为"致力于学生语文素养的形成与发展"。语文素养是指学生通过识字写字、阅读、写作、口语交际、综合性学习等语文课程的学习,内化汉语言的优秀文化成果,最终养成的一种涵养。从宏观上讲,它是学生经过语文学习所应具有的丰富的语文知识和较高的语文能力、正确的语文学习过程和方法、积极的情感态度和正确的人生价值观。从微观上讲,语文素养包括字词句篇的积累、语感、语文学习习惯、语文学习方法、阅读理解能力、写作表达能力、口语交际能力,以及审美情趣、情感态度、思想观念等方面内容。语文素养目标的提出,要求语文教师关注全体学生,关注学生终身发展,注重学生发展的全体性、全面性、主动性、差异性和持

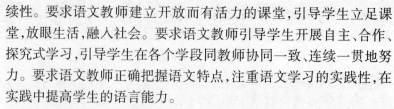

续性。要求语文教师建立开放而有活力的课堂,引导学生立足课堂,放眼生活,融入社会。要求语文教师引导学生开展自主、合作、探究式学习,引导学生在各个学段同教师协同一致、连续一贯地努力。要求语文教师正确把握语文特点,注重语文学习的实践性,在实践中提高学生的语言能力。

②语文阅读教学的任务。综合两个课程标准中对阅读教学的目标要求,我们不难看出,中学阶段阅读教学的重点不是知识教学,它不追求知识的完整性,而是偏向于对学生阅读鉴赏能力的培养,包括精读、略读、浏览、速读、朗读、默读等能力的培养。新课标要求教师在阅读教学中培养学生的阅读理解能力、鉴赏评价能力、信息分析提取能力、思维能力、自主学习能力、合作探究能力以及创新能力,做到知识与能力、过程与方法的统一。在情感态度和价值观方面,两个课标都要求语文教育必须培养学生的爱国主义感情、社会主义道德品质,让学生在语文学习中形成积极的人生情感态度和价值观,促进学生全面发展。

(3)要注意阅读教学过程中的引导、研读和应用

①引导过程中应注意的问题。引导过程的基本任务就是确定目标,激发兴趣,一般包括引导学生预习、指导学生解题、引导学生了解相关材料、课前谈话等方面内容。第一,要指导学生开展有效预习。预习是学习的准备阶段,包括思想准备、材料准备和知识准备。让学生在预习当中对即将学习的内容有个大致了解,初步形成认识,并对自己学习的重点、难点有所预计。这样,在学习过程中目标更加明确,也容易形成知识结构图,有利于学生对学习内容的建构。学生预习包括课文预习、单元预习、学期预习。实习生可以采取排除障碍预习法、问题预习法、分析理解预习法、练习预习法等方式指导学生进行预习。一般来说,预习安排在课前进行,让学生利用课下时间预习。但由于学生学习紧张,并且很多学生主动性不强,因此建议实习生加强课堂预习,这样便于教师的指导和监督。第二,指导学生解题。解题的任务是揭示标题与内容之间的关系,教师可以通过板书课题、分析标题词性结构、揭示标题同文章主题关系等方法指导学生进行解题。第三,引导学生了解相关资料。相关资料包括作者生平、写作缘起、时代背景等方面的内容。这方面材料应该先让学生去收集,然后以个人或小组为单位向全班汇报,教师可以介绍一些学生难以收集到且与教学内容密切相关的内容。

②研读过程中应注意的问题。研读过程主要分为感知、分析、综合三个阶段。感知阶段的主要任务是引导学生对文本内容进行整体了解。实习生可以引导学生梳理字句、通读文本、了解文章体裁主题、找出重点难点。分析阶段的主要任务是对文章的内容和形式进行分析理解,包括结构分析、内容要素分析、写作技巧分析、语言分析、重点难点分析等方面的内容。实习生要运用对话互动、情境创设、讲解等方式指导学生进行文本解读。综合阶段是在分析的基础上进行的,是由局部到整体的概括过程,由现象到本质的抽象过程。综合阶段的基本任务是概括中心思想和总结写作特点。实习生在引导学生进行研读过程中一定要走出"红娘代嫁"的误区,必须明确以下几个方面:第一,学习的主体是谁? 是学生而不是教师,教师可以指明道路,但不能强迫学生走或代替学生走;第二,学生学习的对象是什么? 是文章而不是教师,教师不是让学生学习教师自己对文章的理解,而是学习文章,得到他们自己的理解;第三,学习的基本方式是什么? 是自主、合作、探究,而不是教师"满堂灌",是训练而不是传授。在这一阶段,实习生要特别注意导入、提问、评价等环节,提问时应注意目标明确,评价要有诚意,具有激励功能。关于导入、提问、讲解等方面的策略在后面还有论述,这里不再赘述。

③应用过程中应注意的问题。应用过程的基本任务是把知识转化为能力。一方面,教师要在阅读教学中培养学生的阅读能力。在阅读教学中,可以向学生介绍相关阅读方法,但这些方法不是用来记忆的,而是用于阅读本身,要指导学生在研读文本过程中运用阅读、信息提取、理解、鉴赏等程序性知识,让学生多读、多练,培养学生阅读理解的能力。另一方面,要将阅读教学同写作教学、口语交际教学联系起来,将阅读教学中得到的东西运用到写作教学和口语交际教学中,以阅读促进写作能力和口语交际能力的提高。

(4)要注意阅读教学方法的选用与优化

阅读教学方法的运用,关键在于优化。如何优化? 对语文教师来说,应该做到:科学选用,巧妙组合,刻意出新,自成体系,这既是教学要求,也是作为一名教师四个依次递进的发展阶段,是四种教学境界。科学选用是基础,也就是说教师选用教学方法,必须依据正确的教育思想,必须根据课程标准、教学目标、教学内容、学生情况以及当时教学情境,不可生搬硬套。所选用的阅读教学方法必须适合开放的课堂,适合学生的学习状况,能够使教学过程最优化。巧妙组合指的是在教学过程中,要根据需要将各种教学方法融合使用,不必局限于一种教学方法。刻意出新就是在教学过程中要用批判的眼光看待各种教学方法,推陈出新,对传统教学方法大胆改造。自成体系指的是形成自己独具特色的教学方法。基于优化的理念,结合语文教学方法改革的现状,下面为实习生介绍几种常用的教学方法。

①讲授法。讲授法是语文教学中最常用的方法,由于以往的以教材为中心,以教师为中心的教学观念的盛行,讲授法的不当使用造成了"满堂灌",严重扼杀了学生的主动性和积极性。但是,讲授法并非一无是处,它能在短时间内向学生全面系统地传授大量知识,能保证知识的全面性、系统性、深刻性、连贯性,具有经济高效的特点。另外,它还便于操作,易于教师掌握。这些是其他教学方法不可比拟的。因此,要科学对待讲授法,扬其长,避其短。实习生在运用讲授法时一定要注意精讲,当讲则讲,不当讲则不讲,要讲学生不懂的地方、不明白的地方。在运用讲授法时,实习生要尊重学生的主体地位,发挥学生的主动性、积极性,将讲授法同情景教学法、话题法、讨论法等其他方法结合起来使用。

②情景教学法。情境教学法是指教师在课堂教学过程中,为了更好地达到教学目的,根据学生实际和教学内容创设与文本内容相关的氛围或场景,并以此调动起学生的积极性,帮助学生尽快融入到课堂教学中的一种教学方法。创设教学情境一般采用以下方法:

第一,语言渲染。这是课堂上常用的方法,形象生动的描绘渲染可以使学生展开丰富的联想和想象,提高学生的想象能力。并且,教师讲话的语气、表情、语调、手势等会给学生带来现场感,更能感染学生。当然,语言渲染法需要教师具有较强的表达力、传情力和感染力以及启发力。实习生应尽量使用语言渲染法,以感染学生并锻炼自己。

第二,联系生活。教师可以根据教学内容,选取与学生生活经历相关的事件、场景来设置情境。

第三,播放音像。在讲解课文伊始,特别是学生朗诵时,实习生不妨播放相关音视频课件,为学生营造相应氛围,也可以借助图画使他们体会文本中的景物。

第四,角色扮演。对于小说、戏剧等文本,讲解可能难以奏效,但如果让学生扮演其中角色,就容易让学生融入文本之中,有利于他们体验文本情感。

③话题法。话题法是教师在引导学生研读文本时设置相关话题,引起学生思考和讨论的一种教学方法。话题可以在阅读前提出,也可以在阅读中提出,还可以在阅读后提出。其类型既可以是提示性的,也可以是指导性的、总结性的。话题的提出要服从教学目标,要具有新颖性和启发性,要能引起学生兴趣,例如:《祝福》中谁是杀害祥林嫂的凶手? 大家为什么不叫她贺六嫂而一直称呼她祥林嫂? 实习生在运用话题教学法时,一定要正确对待学生提出的话题,对有教学意义的话题要予以肯定,并引导学生深入分析,对离题或偏激、钻牛角尖的话题也不要一棒子打死,可以当场肯定其学习态度、提出建议,然后引导学生避开,也可以安排学生课下讨论。关于提问策略问题,后面有所论述,这里不再详细展开。

④讨论法。讨论法指教师组织、指导学生围绕所设定的问题开展的师生、学生之间讨论的一种教学方法。实习生运用讨论法应注意以下问题:第一,目标明确。一定要让学生对讨论的目标有个清晰的概念——总体目标是什么? 分目标如何? 达到目标的程序步骤怎样? 第二,在讨论中,要调动学生的积极性和主动性,做好分工,引导学生有序讨论。要引导学生尊重别人的意见,认真倾听别人的发言,对学生的闪光点要给予及时的肯定,对于错误的观点要积极引导。第三,教师要有民主态度。在讨论中,教师既是组织者、指导者,也是参与者。要尊重学生意见,让学生充分发表自己的意见。对于错误的观点要积极引导,而不是将教师自己的意见强加给学生。要允许学生质疑教师,允许学生向教师提问,教师也要及时改正自己的错误观点和做法。

⑤导读法。导读法是我国著名语文特级教师钱梦龙先生创设的一种教学方法。具体分为阅读感知、辨体解析、定向问答、深思质疑、复述整理五个步骤。阅读感知指的是先由教师介绍背景,对学生进行简单指导,然后学生对文本进行阅读,从而获得对文本的初步了解;辨体解析是指让学生辨析文本体裁,初步分析文章的语言特色以及文体与文本的关系;定向问答是让学生针对文本尝试解答文本写了什么、怎样写的、为什么这样写等问题;深思质疑是指学生在教师引导下,当堂提出问题,然后组织学生进行回答评论;复述整理是指回忆文章要点,对本节课进行梳理总结,使教学内容系统化、条理化、深入化。

⑥讲练法。讲练法,又称巩固法、复习法,是指教师指导学生

在完成口头作业和书面作业的过程中阅读理解课文,或者在讲读课文后立即安排练习,对所学内容进行运用的教学方法。讲练法的一般步骤为:第一步,师生设计练习题,明确练习的目的和方法;第二步,学生单独做题或合作完成练习;第三步,通过学生汇报结果或师生问答反馈信息;第四步,师生检测和评定练习成绩,强化练习结果。

⑦读议讲练法。这种方法是把讲授法、情境教学法、话题法、讨论法、导读法、讲练法等方法结合运用的一种综合性教学方法。实际上,教无定法,在教学过程中,要根据学生具体情况、文本内容特点、教学目标等方面灵活采用教学方法。在学生整体感知阶段可能要用导读法,在学生自主、合作、探究学习时往往又要用到讨论法、讲练法、话题法等方法,在导入、引导、总结中又要用到讲授法和情境教学法。

(5)各种文体教学应注意的问题

①议论文教学。议论文通常分为立论文和驳论文,这里主要介绍立论文教学应注意的问题。第一,实习生要注意引导学生分析文中论点。一篇议论文只有一个中心论点。中心论点必须是陈述句,观点必须明确,不能用"大概"、"可能"、"也许"等模糊用语来表述。论点要简洁明快,不可拖泥带水。它的位置一般有四种情况:一是题目就是中心论点;二是在文章的开头提出中心论点;三是在文中提出中心论点;四是在结束部分总结出中心论点。整篇文章都是围绕中心论点展开的。当文章中有若干分论点时,要引导学生分清中心论点和分论点,弄清楚它们之间的关系,以及分论点之间的关系。第二,引导学生分析论据。论据是论点的支撑,分为事实论据、理论论据和引言论据。实习生要引导学生认清论据类型,并理清它们与论点之间的关系,认识其典型性,看作者是怎样从论据中找到论点的支撑点的。论据恰当、典型才能对论点给予有力支撑。第三,引导学生分析论文的论证。论证是联系论点和论据的纽带,论据本身不会成为论点的支撑,只有通过充分的论证,论据才能为论点所用。议论文论证方法一般有归纳法、演绎法、喻证法、对比法、类比法等。实习生要引导学生了解论证过程,理清论证的层次步骤,把握作者的论证思路,看作者是怎样利用论据和思维逻辑方法论证自己观点的。第四,引导学生分析议论文结构。中学语文教材中的议论文大多是根据议论问题的一般思维模式,由"提出问题"、"分析问题"、"解决问题"(或"引论"、"本

论"、"结论")三大块构成。"提出问题"即在议论文开头鲜明地提出中心论点,"分析问题"即在文章的中间围绕中心论点展开分析论证,"解决问题"即在文章的结尾部分得出综合性结论或者提出前瞻性希望等。实习生要引导中学生按照这样的思维逻辑去把握议论文的结构形式,引导学生在整体把握的基础上深入分析文章。第五,引导学生分析议论文语言。议论文的论点、论据和论证都是以语言为载体的,语言是否流畅,是否逻辑严密决定了论证的成败。作者不同,语言风格也迥然相异。有的语言犀利,一针见血;有的语言温文尔雅,引经据典进行论证,大有学究气;有的娓娓道来,但能在朴实的行文中揭示事情本质。实习生要引导学生反复阅读文本,在咬文嚼字的阅读分析中体会其语言特色,并注意引导学生学以致用,及时安排作业或作文训练。

②散文教学。第一,要注意引导学生朗读吟诵。只有引导学生熟读吟诵,才能使学生感受其语言美。第二,引导学生理清文本线索,把握作者行文思路。第三,引导学生分析文本语言。要在反复阅读朗诵的基础上引导学生咬文嚼字,看作者是怎样锤字炼句的,是怎样运用语句营造意境、表达情感的。第四,引导学生抓住意象,领悟意境。

③小说教学。第一,引导学生运用环境分析法分析人物形象。首先要引导学生收集相关背景资料和作者生活经历、思想状况,从而加强对小说写作背景的认识。其次要引导学生分析文中的社会环境和自然环境的描写,认清小说人物所处的各种环境因素。再次要引导学生从人物所处的环境中去揭示小说人物性格形成的原因。第二,引导学生从各种描写手法上去分析人物形象。小说人物形象的塑造是在典型环境和典型的故事情节中完成的,塑造方法有肖像描写、语言描写、动作描写和细节描写等。实习生要注意引导学生对人物的肖像、语言、心理、行动和细节描写进行分析。第三,引导学生分析故事情节。首先,要让学生全面了解文本,看小说是围绕什么线索展开的,起因、发展、高潮、结果是怎样的。其次,具体分析故事情节的各个阶段,以及各阶段在文中的作用。再次,注意故事情节的偶发性。在故事发展的过程中,作者往往安排一些出乎读者意料的事件以增加小说的悬疑性或突兀性,使得情节更加曲折,增强可读性,但是这些又是情理之中的,前面也有些铺垫,抓住这些关键点,是理解全文的钥匙。最后,注意故事情节与人物性格的关系。故事情节是为塑造人物性格服务的。实习生

要引导学生弄明白作者是怎样通过故事情节来展示人物复杂而丰富的内心世界的,是如何深化小说思想内涵的。

④诗歌教学。第一,指导学生吟诵诗歌,体会诗歌的美。诗歌具有语言美、音乐美和图画美,其语言凝练而有韵律,最适合诵读。诗歌的美很多时候只可意会不可言传。而体会诗歌美的最好方式就是吟诵。吟诵不同于一般的诵读,它介于唱和读之间,既讲究清晰,又要求注重抑扬顿挫、轻重缓急,更重要的是情感的介入和表达。吟诵的训练方式很多,包括范读、音频、视频、单人读、齐声读等等。实习生要注重范读和领读。第二,要有适当的讲解。实习生适当的讲解是点拨、引导,是对重点字词的评点,是对关键句子的深入解读。要注意启发学生的思维和想象,使其领会诗的言外之意。第三,注意带领学生分析诗中的意象,体会意境。意象是诗中带情之景,这些景物组合在一起便构成了诗歌的意境,寄托着作者的情感。实习生要注意创设情景,把学生带入到诗的意境中去。第四,引导学生学习写诗。可以让学生模仿所学诗歌练习写诗,体验乐趣,激发兴趣,提高修养。

⑤文言文教学。第一,引导学生疏通文意。要发挥学生的积极主动性,让他们通过工具书和网络去收集相关材料,去疏通文意。为学生介绍学生不易收集到的背景知识。对于关键字词和句子,实习生还要予以讲评,以避免学生理解的片面化、表面化,甚至曲解。第二,指导学生积累文言知识,提高阅读能力。特别是文言文实词和虚词用法,各种特殊句式、使动用法、意动用法、名词动用、成分省略、宾语前置等行文造句的方法更是要靠平时多读多看才能掌握。第三,指导学生反复朗诵,培养学生的语感。古人说"书读百遍,其义自见",这里"百遍"是概数,表示很多遍,不是现在意义上的一百遍。读得多了,自然会体悟文言文语言的妙处,领略作者文笔的精彩。

⑥戏剧教学。第一,指导学生分析剧情。指导学生通读文本,了解剧情是怎样在矛盾冲突中展开的,并在对剧情的分析中把握人物的性格特点。第二,分析台词、唱词。戏剧的台词、唱词最能表现人物的性格特征。因此,要引导学生认真分析台词、唱词,体会其妙处。第三,指导学生演戏。通过演戏或分角色朗读,学生可以设身处地感受剧中人物的情感,有利于学生理解戏剧、欣赏戏剧。第四,改写戏剧。可以将戏剧中的唱词改成现代诗歌,借助现代诗歌来了解唱词。也可以把戏剧改编成小说。通过转换,让学

生走进剧本,拉近学生与戏剧的距离。

(6)了解课堂教学的基本策略

实习生在课堂教学中容易出现以下问题:第一,提问时容易出现的问题。题目太难或者太容易,不顾及学生实际水平,不能因学生而问;问题过于笼统,学生无处下手;先点人名,后提问题,不给学生留有充足的思考时间;只照顾到个别学生,忽视大多数。第二,讲课时语言上的问题。实习生刚登上讲台,一般讲话声音太小,吐字不清,讲话速度太快,重点不突出,语调平淡,缺乏变化,普通话不标准,方言口音较重。第三,板书方面存在的问题。信手乱画,没有章法;字迹潦草,难以辨认;错字别字较多,笔顺颠倒;字体太小或太大,不讲究布局。第四,仪态方面存在的问题。过于严肃,缺乏生机,拒学生于千里之外;手势过多,幅度太大;目光飘逸,不看学生,或只将目光放在少数人身上,不是环视全班;神情紧张,表情呆滞;抓耳挠腮,动作怪异。为了解决这些问题,实习生应该多向指导教师请教,在听课和观摩当中学习其他教师讲课的方式方法。除此之外,还要注意掌握一些课堂教学策略。

①课堂导入策略。好的课堂导入是上好一堂课的关键,它可以使学生迅速进入到新课当中,并激发学生学习的积极性,使学生产生学习期待。课堂导入策略主要有以下几种方式:

第一种,情景渲染导入式。新课伊始,实习生可采取讲故事、激情演说、播放音视频资料等方式营造一定的教学情境。如用《二泉映月》营造《故乡》的凄凉情景,利用戏剧视频作为《窦娥冤》的开始,在讲解《为了忘却的纪念》前利用激情演讲激起学生的愤慨,在讲李清照的《声声慢》时用深沉的语调讲李清照的故事。

第二种,热门话题式。这种导入是将生活引进课堂,用热门话题把课堂与社会联系起来。如讲《包身工》时可以让学生谈一下他们的生活,主要谈饮食起居,然后引入课文。学习《过秦论》可以联系当今世界政治局势。通过热门话题,将文本、课堂同学生的实际生活相联系,有利于形成知识迁移,消除学生与文本的距离感。

第三种,温故知新式。可以引领学生复习一下前面学过的相关知识,用旧知识连接新内容,进入新课堂,引导学生完成知识迁移,有利于消除学生学习的陌生感。例如学习《六国论》时同《过秦论》相联系,学习《为了忘却的纪念》时同《记念刘和珍君》相联系。

第四种,巧设悬念式。在讲一篇课文时,设置学生意想不到的悬念,例如于漪老师在讲《孔乙己》时把孔乙己称为"苦人儿",有的老师在引导学生采取综合学习方法来学习《祝福》时,设置了"究竟是谁杀死了祥林嫂"这一悬念。

第五种,开门见山式。直接导入课文,提出学习目标,让学生一开始就明白要完成的任务,要达到的目标,使他们产生学习期待。例如在学习《看云识天气》时,实习生可以这样开场:"大家都很头疼写说明文,不知道说明文的说明方法。今天,我们就学习《看云识天气》,学过后,相信大家就会对说明方法有一个清楚的认识。"议论文的教学也可以采取这种方式,让学生感到学习这篇文章很实用,大家就会产生较强的学习期待。

当然还有其他导入方式,例如引言法、诗句法、类比法等。这里就不一一介绍了。在教学过程中,不同教师会用不同的导入方法,实习生到实习学校应多学习、多思考、多借鉴。在课堂上,实习生应根据学生情况、具体教学情境、文本特点来选择导入方法,只要是能引起学生的兴趣,使学生产生学习动机和期待的方法都是好的方法。

②课堂讲解策略。有些概念、原则、原理类的比较抽象的内容需要教师讲解,当学生思考不能深入甚至有偏颇时,也需要教师讲解。下面介绍几种课堂讲解的形式:

第一,介绍性讲解。主要向学生介绍文本的相关背景知识和原理性知识。限于篇幅,教材不可能无所不包,有很多背景类的资料教材就很难全面涉及,这就需要教师补充一些材料,介绍相关人物、事件、事理等。

第二,阐释性讲解。用学生熟悉的语言、事例对一些抽象性概念、专业术语、关键字词、引文典故进行讲解。特别是在古诗文教学中,更需要阐释性讲解。只有这样,学生才能明白文本内涵,明白作者意图,体会诗文妙处。

第三,分析性讲解。在教学中把一个事物、一种现象、一个概念分解成简单的几部分进行讲解。例如《烛之武退秦师》中烛之武是怎样说服秦人退兵的?《触龙说赵太后》中赵太后为什么听从了触龙的话? 这些都需要教师用分析性语言引导学生深入理解文章内容。

第四,逻辑性讲解。在教学中遵循学科自身规律和思维规律,进行严密推理,给学生讲清楚前因后果、事理结构顺序。这种讲解方式一般用于说明文、议论文。

第五,比较性讲解。这是将相关、相似或相反的文章放在一起进行讲解,从而比较不同的讲解方式。如把《醉翁亭记》和《岳阳楼记》放在一块讲解,将《范进中举》和《孔乙己》放在一块讲解。

第六,引导性讲解。这是教师利用学生以往的学习经验、知识、能力,利用设置问题的方式层层深入,引导学生自主、积极思考,使学生能一步步说出答案,最后得出结论的一种讲解方式。例如《孔乙己》中的最后一句话:"我到现在终于没有见——大约孔乙己的确死了。"可先问:"孔乙己死了吗?"学生们有的会回答"死了",有的回答"没有"。老师可以继续问:"'我'再见过孔乙己吗?"学生可能回答:"没有。""那根据孔乙己的最后状况他还能活下去吗?"学生可能会回答"活不下去"。"同学们能找出他已经死了的证据吗?"下面还可以继续设置"鲁迅为什么用'的确'这个词呢?""为什么用'大约'这个词呢?""作者想告诉我们什么呢?"等问题,这样层层深入分析,学生就会明白孔乙己的确死了,根据他的境况、他的性格特点等判断他死了,所以作者用了"的确"。但又为什么用"大约"呢? 一是小伙计没亲眼得见,二是大家对孔乙己很冷漠,没人关心他的生死,反映出社会的冷漠。

③课堂提问策略。实习生设计问题时要考虑学生的实际情况,问题的难度要适度,要注意紧贴学习内容,要有利于学生对教学内容的理解。

问题类型有以下几种:第一类是与本节课内容相关的旧知识类问题,这类问题大多是基础知识类问题,用于为本节课作铺垫,了解学生相关知识掌握情况,例如讲解《荷塘月色》时,对散文相关知识的复习性提问。第二类是检查学生预习的知识的问题,例如:"《荷塘月色》是写月色的还是写荷塘的?"第三类是关于文本理解的问题,例如:"《荷塘月色》中描写荷的句子有哪些,从哪些方面描写的?"第四类是引导学生深入思考的问题,例如:"《荷塘月色》表达出作者怎样的情感?"第五类是检验所学内容掌握情况的问题,这种问题往往用于课后练习。第六类是引导学生正向迁移的问题,例如:"模仿《荷塘月色》的写作手法写一写《校园夜色》。"第七类是引导学生创新的问题,例如:"对于《荷塘月色》的主题思想你同意老师的看法吗? 不同意的话你有什么看法? 请课下查找资料证明你的观点。"

问题提出来后,要给学生留下思考时间,时间的长短要根据问题的难易程度和学生实际情况而定,不可急于让学生回答,不可先点名后提问,不可取笑打击学生,要注意倾听,给予学生适当的点拨和引导,尊重学生个性。

④课堂板书设计策略。板书主要分为主板书和副板书两部分。主板书用来书写教学主要内容,包括教学重点难点、教学中心、文本结构、语言特色等内容,它是一节课板书的基本框架,到一节课快要结束时要利用这个框架作总结,这样学生会对一节课的教学内容、重点难点、文本结构、语言特色等方面一目了然。副板书一般用于板书零散信息,纠正学生读音错误、书写错误等方面内容,它是在教学过程中根据需要由教师随手书写的,一般用以辅助主板书,它的形式、内容灵活,不拘一格。

从板书形式上来看,主要分为文字提纲板书、结构型板书、表格式板书、图示板书、简笔画板书等。文字提纲板书是最传统的板书,它一般用于揭示文本的结构、内容,例如段落大意、写作特色、重点字词等内容。这种板书形式朴实简洁,易于操作,应用比较广泛。结构型板书即用分层结构图形式呈现,较多用于议论文、说明文的教学中,结构复杂的小说、散文等也用这种形式。它的优点是便于对文本结构进行梳理,有利于学生认清文本结构脉络,使知识点结构化、系统化。表格式板书是用表格的形式呈现文本内容,在比较讲解中经常使用。这种板书有利于学生区分事物间的异同。图示板书是用线条、图形等方式展现文本脉络,有利于学生掌握事情的发展脉络、前因后果等内容,有利于学生理清思路。简笔画板书是比较新颖、生动的板书形式。例如有的教师在讲解《硕鼠》时,将板书设计成一只大老鼠的形状,在讲解《项链》时,把各知识点当成珍珠,串在项链上。有些教师还把简笔画、漫画等引入到板书当中,非常形象,生动活泼。

课堂教学中,无论是何种板书形式,都必须符合以下要求:第一,注重板书的科学性。要求板书(课件)的文字正确规范,语言简洁生动,结构完整、系统,内容无政治思想、知识、逻辑等方面的错误。第二,紧扣语文教学内容。板书只是辅助手段,它必须为教学服务,必须体现语文教学的文字美、语言美,能够引起学生的想象,有利于学生理解教学内容。第三,内容要简洁明快。主要以提纲式、结构图式、图表式等形式呈现即可。忌用课件给学生呈现大量文字,或在黑板上满板地书写。要尽量减少学生抄笔记的时间,多给学生留出思考、听课的时间。第四,要处理好教学内容和板书形式的关系。板书要有助于反映教学内容,不可一味形式化,或为了板书而板书。

（7）案例与分析

①案例呈示与点评

《长亭送别》课堂实录及点评①

王　静/执教　汪鉴利/点评

一、导入

师：前天我的学生为我送行的时候说："王老师，我们想送你一株四叶草，可是在操场上找了很久都没找到。"我说："谢谢，你们的四叶草我已经收到了。"今天，我捧出心中的四叶草送给大家，愿幸福与幸运永远与你们相伴。

南朝诗人江淹在他的《别赋》中写道："黯然销魂者，唯别而已矣。""数声风笛离亭晚，君向潇湘我向秦。"朋友之间的离别就已令人神伤。"寒蝉凄切，对长亭晚，骤雨初歇。"恋人之间的离别更是催人泪下。那么，"昨夜成亲，今日别离"的新婚夫妻之间，他们的离别，又该是怎样的痛断肝肠呢？让我们走进《西厢记》，赶往十里长亭，去感受莺莺那无边无际的离愁别恨吧！

点评：没有收到四叶草，却收获了一份真情。由自己的亲身经历（师生分别）过渡到古诗文中的送别之情，聚焦离情，贴近文本，导入自然而巧妙。

二、离愁别恨的绝唱

师：《长亭送别》被誉为"离愁别恨的绝唱"，大家看教材，在这十九支曲词中，哪一支可称为绝唱中的绝唱？

生：[端正好]。

师：对，这是一个精美的凤头，还有一条响亮的豹尾，那就是——[收尾]，在中间离愁别恨的"恨"字反复出现，大家找找看，哪几支曲词写到了"恨"字？

生：[滚绣球]、[朝天子]、[四煞]。

师：请大家在这五支曲词前面打钩。虽然十九支曲词支支含恨，但今天，我们仅以这五支为例，来解读"离愁别恨的绝唱"。

点评：十九支曲词，只选五支，这是典型的点式教学，整体把握，精选典型，教会方法，留下空间，窥一斑而知全豹，以有限而求无限。倘若面面俱到就有可能蜻蜓点水以致面面不到。

---

① 王静、汪鉴利：《〈长亭送别〉课堂实录及点评》，载《语文教学与研究》2010 年第 31 期，第 68—70 页。

三、范读和自由诵读

师:首先,老师朗读一遍,同学们注意听老师对节奏和情感的把握。

(师配乐配画面诵读五支曲词)

师:读王实甫曲词,满口余香。下面,同学们自由朗读这五支曲词,把自己想象成莺莺,读出离愁别恨的味道来。

(生自由诵读)

点评:提请注意—教师示范—自由朗读,特别强调走进角色,体验情感。指导如何听,教会怎样读,这就是有效指导。

四、读[端正好]并鉴赏

师:请一位同学朗读[端正好]。

一生主动起来读文本。

师:读得真好,为什么语速这么慢呢?下面,请按照屏幕上的节奏和重音齐读[端正好]。

(生读)

师:清代学者金圣叹说,[端正好]是绝妙好词,我们不妨来品一品。

"碧云天,黄花地"化用了范仲淹《苏幕遮》中的"碧云天,黄叶地",这里的"黄花"和"黄叶"能不能交换位置? 大家思考一下。

点评:这一问,问得具体,具有很强的动作性,它能促使学生积极思考,体现出语文的学科特点。一字之别,而情味迥异,一花一叶总关情呐。从下面的回答来看,学生的思维被激活了。

生:不能交换,"黄花"比"黄叶"更有美感,更富有诗情画意。

生:有个电视剧叫《幸福像花儿一样》,我想"黄花"可以表现张生和崔莺莺的爱情故事像花儿一样美丽。另外,黄花是菊花,能傲风霜,可以象征两人的爱情坚贞不渝。

师:说得真好! 你见过写黄花的诗词吗?

生:见过。李清照的"莫道不消魂,帘卷西风,人比黄花瘦"。

生:还有"满地黄花堆积,憔悴损"。

师:可见,"黄花"常用来表现一个女子因离别而憔悴忧伤。那《苏幕遮》为什么要用"黄叶"呢?

生:《苏幕遮》要表现的是游子的乡愁。而"黄叶"飘零就像是游子在漂泊。

生:落叶归根,象征着游子对家的依恋。

师:是啊!"黄叶"表现了游子漂泊的孤苦和归家的渴望。由此看来,景物的选择要以什么为依据?

生:感情。

师:清代学者王国维怎么说的?

生:一切景语皆情语。

点评:"黄叶"、"黄花"这两个意象有何不同,经过引申拓展,比较分析,学生很轻松很清晰地掌握了,教师的视野开阔,教学资源丰富。这里运用了溯源比较法。另外,教师引导转换很自然,点拨点评也很精到。

师:你知道的真多。王实甫改一个字,就成就了自己的千古绝唱,我王静改三个字看看如何,"晓来谁滴霜叶红,总是离人泪",好不好?为什么?

生:不好,改得一点韵味也没有。原来的"醉"、"泪"是押韵的。

生:霜林的范围比霜叶大得多。离人的眼泪把整个树林都染红了,而不仅仅是染红了一片树叶,这强调了眼泪的多。

师:用夸张手法突出了离情之浓,离愁之深。

生:"醉"字不仅有"红"的意思,而且把霜林拟人化了,好像霜林也被这对有情人感动得一塌糊涂。

师:你的感觉很到位。

生:"染"字比"滴"字更形象,更有美感。

师:那是因为"染"出来的颜色更鲜亮,更均匀。

生:"染"字表现了颜色的动态变化过程,而"滴"字没这效果。

师:而且"滴"也没这么快的速度,一夜之间枫林变色,多神奇啊!另外,从造字法上看,"染"是个会意字,把植物中提取的染料放进水中,再把白色的布帛放进去反复多次浸泡,使颜色牢固。所以,"染"字有浸泡、浸透之意。漫山遍野的枫树林浸泡在离人的血泪之中,那是多么浓重的悲哀啊!看来,王实甫写[端正好]用了两大法宝,一是情景交融,一是化用诗词。下面,我们用这两大法宝来品读最后一支曲词[收尾]。

点评:先改文句,再比较分析,孰优孰劣,一品得之。这是鉴赏语言最有效的方法之一,也是提高语感能力的有效方式。这里着重比较品味"滴"与"染"、"霜林"与"霜叶"、"醉"与"红"这三组词语在句中的表达效果,很有语文味。学生字斟句酌,思维活跃而灵动,教师适时补充并归纳,简洁而有条理。这里运用了改写比较法。

五、品读［收尾］

师：请齐读［收尾］。（生齐读）

师：请把"四围山色中，一鞭残照里"这句话改写成情景交融的句子，来表现莺莺送别张生之后的内心感受。注意用这样的格式：四周的山峦笼罩在暮色之中，那苍茫的烟霭就像（　　　），看到张生的马鞭打在马身上，莺莺感觉（　　　），那西天的残阳，就是（　　　）。

生：四周的山峦笼罩在暮色之中，那苍茫的烟霭就像莺莺那灰色的心情，看到张生的马鞭打在马身上，莺莺感觉疼在自己心上，那西天的残阳，就是莺莺那颗破碎的心。

师：暮霭沉沉就像灰色心情，残阳就像破碎的心，很形象！谁还有别的创意？

生：四周的山峦笼罩在暮色之中，那苍茫的烟霭就像莺莺离别的忧伤，看到张生的马鞭打在马身上，莺莺感觉像打在自己心上，那西天的残阳，就是莺莺的心在滴血。

师：残阳如血！不过"滴"字不好，没气势。换一个试试！

生：流血。

师：俗了。

生：淌血。

师：好。西天的残阳，就是莺莺的心在"淌"血，那是何等深广的伤痛啊！谁还有别的想法？

点评：让学生来改写诗句，激发他们的想象力，以此来培养他们的语感。从"滴血"，到"流血"，直至"淌血"，在教师的追问下，学生越改越好。这是采用想象再造法，生生交流其实就是学生教学生，一经比较，就可以品味出谁的想象更生动，谁的语言更有表现力。

生：四周的山峦笼罩在暮色之中，那苍茫的烟霭就像莺莺对未来的无限担忧，看到张生的马鞭打在马身上，莺莺感觉像打在自己心上，那西天的残阳，就是莺莺那颗焦灼的心。

师：真好！对于残阳，同学有的从形状上比，有的从颜色上比，还有的从温度上比，都把握住了莺莺的情感。那苍茫的烟霭除了像莺莺的愁绪，还可以像莺莺那无法掌控的命运，像莺莺和张生那前途未卜的爱情。下面思考另一个问题：［收尾］中有化用诗词的句子吗？

点评：三名学生的回答，一句话概括点评，从形状、颜色、温度点出了他们思考的侧重点和思维的方法，体现出教师高屋建瓴般的概括能力。

生:有。"量这些大小车儿如何载得起"化用了李清照《武陵春》中的"只恐双溪舴艋舟,载不动许多愁"。

师:他们写"愁"妙在哪里?

生:他们都把无形的"愁"写得有了重量,表现了"愁"之多。

师:这叫化虚为实,赋予离愁以重量,突出了离愁的浓重。有谁愿意把[收尾]朗读一遍?

(生读)

六、讨论学习[滚绣球]、[朝天子]、[四煞]

师:三支直接写"恨"的曲词,我们用分组讨论的方法来学习,一二排的同学负责[滚绣球],三四排的同学负责[朝天子],后面的同学负责[四煞],要求:(1)诵读本组讨论的曲词。(2)从中选一句,说说哪些词语应该重读,为什么。(3)在本组讨论的曲词中,莺莺"恨"什么?三个小组的同学比一比,看哪个小组表现最出色。

(生诵读,讨论)

点评:如果说上面是师生合作的话,那么这里主要是生生合作。师生合作便于建立学习模型(把握学习途径,掌握学习内容),分组学习便于运用所学方法,展开思维碰撞,学会分享。注意从这里体会合作学习的要领:目标明确,内容具体,充分激发其活动兴趣。

师:下面一组同学来交流一下[滚绣球]。先请代表来朗读一遍。

(生读)

生:"听得道一声去也,松了金钏;遥望见十里长亭,减了玉肌。"这句话重读"松"和"减",因为这两个字夸张地写出了莺莺舍不得分离的痛苦和她身心所遭受的巨大折磨。这支曲词中,莺莺恨的是相见得迟、归去得疾、柳丝长玉骢难系、疏林挂不住斜晖。

师:简单地说,莺莺恨的是什么?

生:恨离别来得太快。

师:很好。"松了金钏"、"减了玉肌"这就叫"衣带渐宽终不悔,为伊消得人憔悴"。此处的莺莺,就像一支在秋风中摇落的黄花。

点评:学生交流,其实就是学生教学生,那么教师的追问(简单地说,莺莺恨的是什么?)就是让他表述清晰,或者突出重点,这就促成了学生的积极思考,让学生学会精练表达。

师：下面请二组代表来朗读[朝天子]。

（生读）

生：我觉得"蜗角虚名，蝇头微利"要重读，它表现了崔莺莺对功名利禄的极度蔑视，表明她只看重爱情，不看重名利。所以，这支曲词中，莺莺恨的是功名利禄。

师：莺莺，你好！请问，你认为真正的爱情应该是怎样的？

点评：不叫某某同学，而称呼其为莺莺，促使她走进角色的心理情感世界，显得幽默诙谐，这就活跃了课堂气氛，同时又追问她的爱情观，引发其思考。

生：两情若是久长时，又岂在朝朝暮暮？

师：如果莺莺真这么想，那她就不用难过了。

生：哦！是"执子之手，与子偕老"。

点评：教师发现学生的问题后，并没有简单否定，而是及时引申，得出了一个错误的结论，一下子点醒了学生，让其自我修正。点出矛盾，点醒学生，可见语文教师的点评功夫该有多么重要啊！

师：好。简单，纯粹，这才是真正的爱情。"宁做野中之双凫，不为云间之别鹤"。此处的莺莺，就像一支在山野间怒放的黄花，清雅高洁，淡泊名利。

师：现在请三组代表朗读[四煞]。

（生读）

生：我觉得"到晚来闷把西楼倚"的"闷"字应该重读，因为它表现了莺莺思念张生、百无聊赖的愁闷心情。还有"衰柳长堤"的"衰"、"长"也要重读，"衰"字表面上写柳树衰败，其实是写自己容颜一天天衰老，"长"字表面上写河堤很长，其实是写自己漫长的等待。这里，莺莺恨的是相思之苦。

师：莺莺为什么要独倚西楼呢？

生：为了看张生回来没有。

师：过尽千帆皆不是——

生：斜晖脉脉水悠悠，肠断白蘋洲。

师：她还可能在等什么？

生：等邮差送来张生的书信。

师：云中谁寄锦书来——

生：雁字回时，月满西楼。

师：此处的莺莺，更像一支在雨中哭泣的黄花，罗幕轻寒，燕子双飞去。

点评:这里教师巧设疑问,以此激发学生的想象、联想,联系古诗词,拓展教学空间,从而达到体验主人公的情感这一目的。解析三支曲词,从重读这个角度切入,直击人物的情感,让学生明白重读与情感的关系,显得巧妙而便于操作。

七、总结

《长亭送别》作为"离愁别恨的绝唱",用了两种抒情方法,一是情景交融,一是直抒胸臆。莺莺的三恨,分别是恨离别、恨功名、恨相思。

点评:总结学生交流成果,以精练的语言来概括,留给学生以整体的印象。

八、背诵[端正好]

②案例分析

以下从教学方法和教学过程两种角度来分析此案例的教学特色。

从教学方法的角度来看:

第一,教学导入方法中渗透了生活化理念。王老师在这堂课中将语文教学与学生的生活及情感世界相联系,使学生走进生活,体验情感。教师由自己的亲身经历(师生分别的伤神情境)导入到文中的送别之情,引出《西厢记》中长亭送别的离愁别恨。这样聚焦离情,贴近文本,导入自然而巧妙。这种根据具体教学情境和文本特点导入课文的方法,能够引起学生对文本的兴趣,使学生产生学习动机和期待。

第二,王老师在教学中运用小组合作讨论法。在讨论学习[滚绣球]、[朝天子]、[四煞]部分中,教师设计以下问题:"(1)诵读本组讨论的曲词。(2)从中选一句,说说哪些词语应该重读,为什么。(3)在本组讨论的曲词中,莺莺'恨'什么? 三个小组的同学比一比,看哪个小组表现最出色。"教师的设问目标明确,内容具体。教师鼓励学生通过小组竞争的方式对问题进行讨论,注重调动学生积极性和主动性。学生在分组、合作的学习过程中,运用所学方法,展开了思想的碰撞和交流,实现了在对话中对知识、经验和情感的共享。

第三,运用改写比较法引导学生对语言进行品析。在理解全文感情的基础上,王老师引导学生体味和推敲重要词句在语言环境中的意义和作用。例如,教师提出将原文改为"'晓来谁滴霜叶红,总是离人泪',好不好? 为什么?"通过对"滴"与"染"、"霜林"与"霜叶"、"醉"与"红"这三组词语在句中的表达效果的比较,来让学生品味原文中所选词语的语文味。学生在对词语进行比较的过程中,思维活跃而灵动,在潜移默化中提高了语感能力。正如汪鉴利老师所说:"先改文句,再比较分析,孰优孰劣,一品得之。这是鉴赏语言最有效的方法之一,也是提高语感能力的有效方式。"

从教学过程的角度来看:

第一,阅读文本的过程,是学生、教师、文本之间对话的过程,也是发现和建构作品意义的过程。王老师在让学生进行自由朗读时,建议学生"把自己想象成莺莺,读出离愁别恨的味道来"。针对"碧云天,黄花地"这句话的巧妙用词,王老师提出"黄花"和"黄叶"能不能交换位置的问题。通过引申拓展和比较分析,使学生了解"黄叶"、"黄花"这两个意象的不同,从而更深入地理解了文本中暗含的感情。王老师在教学中引导学生与文本对话,注重激活学生的思维,促进学生对文本进行积极思考。

第二,在教学过程中,王老师具有民主态度,尊重学生,肯定学生。在对文本作品的解读中,她不强求统一的标准答案,重视学生的情感体验。如她对学生答案的回答:"好。西天的残阳,就是莺莺的心在'淌'血,那是何等深广的伤痛啊!谁还有别的想法?"在提问与回答过程中,王老师注重引导学生互相尊重,认真倾听别人发言,对学生的闪光点给予及时的肯定,对于不恰当的观点给予积极引导和点拨,这样有利于实现与学生的平等交流,从而建立和谐平等的师生关系。

第三,王老师通过让学生进行多次诵读训练而逐步深入地理解文本感情。首先,在"读"中整体感知文本的感情。由教师范读,让学生注意教师对节奏和情感的把握;学生自由诵读,读出崔莺莺离愁别恨的味道,强调走进角色,体验情感。其次,在"读"中深入鉴赏与品味文本的感情。王老师从重音、节奏、情感和语速等方面指导学生如何读,并从重读这个角度切入,直击人物的情感,让学生明白重读与情感的关系。

2. 写作教学应注意的问题

随着新课程改革的推进,个性化理念、生活化理念以及课程资源理念相继进入语文教学,写作教学焕发出勃勃生机,特别是口语交际训练和综合性学习的引入,为写作教学注入了新的血液。实习生要多向指导教师请教写作教学相关问题,运用新课程理念,有质量地开展写作教学的实习探索。

(1)要注重培养学生的写作能力

从新课标的要求看,中学写作教学的目标是提高学生的写作能力,那么,通过写作教学到底要培养学生哪些写作能力?

①观察能力和材料积累能力。有人认为学生写不出好作文是因为学生缺乏生活经验,这种观点有失偏颇。其实,学生就生活在社会、家庭、学校当中,他们与父母、老师、同学、亲戚朋友甚至路人都会有接触或交往,他们身边每天会发生很多感人的、有意义的事情,他们看到、听到或亲身经历的事都可以成为他们写作的好材料。因此,学生缺的并不是生活经验,而是对生活的体验和感悟。实习生要引导学生学会观察,学会积累,学会收集信息,学会用心灵去观照身边的人和事,这样就不会出现没什么可写的现象。

②筛选材料的能力。实习生要引导学生筛选信息。平时可以让学生把认为有价值的信息(包括书本知识、名人名言、重大事件、自己感受或见解主张)用日记或周记、读书笔记的形式记录下来,并且对材料进行分类归纳。写作时,先根据主题收集相关材料,然后根据表达需要看哪些材料比较典型,可以挑出来使用。进入作文的材料要具有代表性、典型性、时代性、新颖性。

③审题立意的能力。审题立意是学生进行写作的第一步。审题立意正确了,符合要求了,便可以指引构思和行文按照正确的方向展开;审题立意错了,学生的构思和行文便会偏离要求,便会跑题。因此,指导学生审好题、立好意是写作教学的关键性环节。实习生要特别注意训练学生的阅读能力、信息判断能力,以及求异思维和发散思维能力,这些都有助于学生审题立意能力的提高。

④编写写作提纲能力。实习生应注意训练学生编写写作提纲。提纲一般包括题目、主题、体裁、结构、线索、行文段落、选用材料、开头结尾以及过渡照应等方面的内容。如记叙文的提纲包括:题目是什么,主题是什么,选取什么事件,事件的起因、结果是怎样的,哪些地方详写,哪些地方略写,怎么开头,怎么结尾。议论文的提纲则包括:题目是怎样的,文章中心论点是怎样的,从哪些角度进行论证,选取什么论据,选取哪些论证方法,怎样安排文章结构,文章的开头结尾如何,论点在哪个位置等。有了提纲,才会有行文方向、写作步骤,才能写出立意深刻、结构完整、语言流畅、富有文采的好文章。

⑤语言表达能力。对于一篇文章而言,语言表达能力的要求就是语言准确、规范、简洁、生动、鲜明。一篇好的文章,首先要求句子完整,用词恰当,语言准确、规范。实习生应在遣词造句方面指导学生多下工夫,可以讲一些语法知识,包括实词、虚词、短语、句式、标点符号等方面的语法知识。重要的是在阅读教学和口语交际训练中让学生多练习、多体会,不可只追求语法知识的系统完整,忽视学生的语境训练。在语言准确清晰的基础上要做到简洁、生动、鲜明。语言的简洁指语言恰如其分地反映客观事物,没有赘言;语言的生动鲜明指的是语言色彩分明、意义清晰、具体形象、有生命力。这是针对课标当中要求学生会使用各种修辞手法而言的,在中学语文教学中,学生要掌握比喻、比拟、夸张、排比、反问、设问、白描、反衬、烘托等修辞手法。实习生要指导学生多读多练多体悟,在阅读中积累,在写作和口语交际活动中锻炼。

⑥表达方式的运用能力。在中学作文教学中,表达方式指的是叙述、说明、议论、抒情、描写这五种表达方式。实习生要指导学生根据不同的文体写作,要求学生灵活运用不同的表达方式,要严格训练,提高其应用能力。

⑦作文修改能力。作文修改包括作文材料的增删、语言的修改润色、结构上的调整等方面的内容。实习生应将修改作文的工作交给学生去做,告诉他们修改的方法和要求,指导他们锤炼字词、修改病句、取舍材料。可以让学生互相评改,也可以让学生自我修改。在自我修改中培养学生自我教育、自我评价、自我改进的能力。

(2)要重视写作教学的过程

写作教学过程是培养学生写作能力的过程,按时间长短可分为学段教学过程、学年教学过程、学期教学过程和一次作文写作过程,这里探讨的写作教学过程指的是一次作文写作过程,它分为命题、指导、批改、讲评四个部分。

①命题。命题分为直接命题和间接命题。直接命题指教师直接给学生提出作文题目,并指定写作体裁,让学生写作。间接命题指教师不给学生题目和主题,而是通过话题、材料、修辞句将意图隐含其中,让学生在阅读理解的基础上自己选择题目和主题、体裁,自己写作。在写作初级阶段,特别是教师在有针对性地训练学生写作分项能力时,经常使用直接命题。而在训练学生从材料当中提炼主题时,往往会使用间接命题。在写作教学中,实习生不妨

将命题作文训练和自由作文训练结合起来,根据教学要求和学生实际灵活运用。即使在命题作文中,也不要对学生限制过多,要尽量给学生自由发挥的空间,给学生自主写作的机会。

②指导。指导一般分为写前指导、写中指导以及学生自改指导。写前指导一般包括明确写作目的和要求、审题指导、编写提纲指导、谋篇布局指导、材料选取指导等;写中指导主要就学生写作思路中断时给予提示,或者帮助学生选材,写中指导要少而精,以点拨思路为主;学生自改指导指的是指导学生对作文进行修改润色。指导的方法一般有讲解法、谈话法、示范法、讨论合作法等。

③批改。作文批改一般分为教师批改、学生批改和师生共同批改三种方式。教师批改指教师对学生作文的精批细改,这种方式可用于程度较低的学生,初中高年级和高中阶段不提倡用此批改方式。学生批改有自改、互改、小组集体批改三种方式。师生共同批改指教师和学生对一篇或几篇具有典型意义的作文共同批改,一般用课件形式或投影仪形式在课堂上展现,师生一起批改。作文批改要遵循文章整体性原则,对其主题、选材、结构、语言、表现手法等作全面的观照和评估,不可"一叶障目,不见泰山"。另外,对学生作文的批改应坚持尊重和鼓励的原则。要尽可能地保持学生作文原意,不要按照自己的想法对学生作文大删大改,或是对其不对的地方大肆批评和指责。对于学生作文中不妥的地方,要讲明原因,要倾听学生真正的想法,对于错误的思想观念要面对面进行疏导。要尽量多评少改,一些"改"的工作交给学生去做。要尽量发现学生作文的优点,给予肯定,特别是较差的作文更不能一棒子打死,过多的批评容易伤害学生的积极性,使学生产生畏难情绪和敌对情绪。确实需要批评的,也要对事不对人,不要对学生一概否定或对学生人身进行贬低。表扬要具体,批评更要具体到一个点上,不可泛泛而讲,要注意批评的方式,要委婉,要循循善诱。

④讲评。讲评是对学生作文进行评价总结的活动,包括学生互评、讨论评价和教师总结评价。对于一次作文的整体情况,教师要作总结式评价讲解,既要分门别类地谈共同的优点,又要指出不足之处。教师要根据教学目标、教学要求以及作文实际有针对性地讲评,并且结合相关理论对学生作文的优缺点进行品评。如果学生程度较高,建议实习生把讲评的工作交给学生自己去做。教师先阅读一遍全班作文,只读不批改,目的是做到对学生作文心里

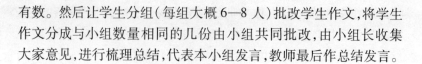

有数。然后让学生分组（每组大概6—8人）批改学生作文,将学生作文分成与小组数量相同的几份由小组共同批改,由小组长收集大家意见,进行梳理总结,代表本小组发言,教师最后作总结发言。

四、作业与测评

1.作业设计与批改

（1）作业的地位和作用

语文是实践性学科,语文知识的积累、能力的培养和思维的发展等都离不开训练的过程。语文作业是语文课堂教学的延伸和拓展,指导学生完成一定量的作业是语文教学过程的一个重要步骤。

作业完成的过程是学生巩固课堂教学内容,理论联系实践的过程,也是学生自我反思的过程。教师通过学生作业的完成情况能够及时了解教学效果,作业的批改也是连接师生情感交流的纽带。

（2）作业的类型

语文作业主要有巩固积累型、训练能力型、培养思维型以及实践应用型四种。

巩固积累型作业是用于巩固积累语文基础知识的作业,它一般以字词、语句、篇章、语法、修辞为内容,如抄写背诵、解释词语、分析语句、语法知识练习、文学文化常识识记等作业都属于这一作业类型的范围。语文知识点在教材中分布比较散,实习生在设计巩固积累型作业时要注意前后学习内容的联系,将散乱的知识点归纳梳理成一个体系,促使学生建立起自己的知识体系。例如在学生学习鲁迅小说时,可以引导他们把《一件小事》、《故乡》、《祝福》、《孔乙己》、《药》等课文联系起来进行比较,看一下课文在故事情节、人物形象、人物描写等方面有什么特点,从而引导学生加深对鲁迅小说特点的理解。

训练能力型作业是以训练和提高学生的听、说、读、写四项基本能力为目的而设计的。例如人教版教材中的"综合性学习、写作、口语交际"板块就很好地将听、说、读、写四项基本能力的训练结合在了一起。实习生设计作业的方式要灵活。例如学习《触龙说赵太后》时,可以让学生将课文改编成话剧,在学习《长亭送别》时可以让学生将文中的唱词改编成诗歌,以此锻炼学生的阅读欣赏能力和语言表达能力。

培养思维型作业是以训练和培养学生的形象思维、抽象思维和创造性思维等思维能力为目的而设计的,扩写、续写、改写等是培养学生创造性思维的有效方式。例如实习生可为学生布置续写《项链》、改写《桃花源记》等作业。

实践应用型作业是针对语文课程的实践性特点而设计的作业。这类作业可引导学生走出课堂,将其所学知识与生活实践相联系,达到学以致用的目的。例如实习生可组织学生开展演讲、辩论赛,指导学生就有关问题进行调查,写出调查报告等。实习生可以以工厂、农村和科研场所等为资源进行作业的设计,并以此提高学生搜集资料、处理资料的实践探究能力。

(3)作业批改

作业批改是语文教学的重要组成部分之一。作业批改可采取教师批改、学生批改和师生共同批改三种方式进行。

教师批改有精批精改、全收全改、轮流批改和当面批改四种形式。精批精改是指教师对学生的作业进行从形式到内容的逐字逐句的批改。全收全改是指将全班学生的作业收齐后,进行全部批改,但不是逐字逐句地批改,而是对其指出明显错误,给出评语。轮流批改的方式往往和学生自己批改的方式相结合,具体指教师只批改作业的一部分,余下的作业由学生自己批改或互相批改。当面批改一般是在自习课上进行,教师和学生当面进行作业的批改,随时批改,随时交流指正。

学生批改分为学生自己批改和学生小组批改、交换批改三种形式。

师生共同批改指由学生批改后交上去,再由教师全部或部分批改,批改中不但批改作业还要对学生的批改进行评阅。

实习生批改学生的作业时应注意批语的撰写。教师评语主要分为点拨式评语、批评式评语、表扬式评语和规劝式评语四种类型。点拨式评语要具有启发性、引导性,能够给学生以思路的指导;批评式评语的用语要委婉,不可打击学生的积极性;表扬式评语要真诚而具体,不要说一些空洞的套话;规劝式评语要推心置腹,能够指出其不足,分析错误原因,提出改正建议,进而鼓励学生发挥优点,改正缺点。

2. 考试测评

（1）考试测评的目的

新课程理念重视学生的发展。新课程理念下的评价方式不同于以往以知识为中心的传统评价方式，它重视学生的全面发展，重视教师的成长。新课程评价理念弱化对学习结果的评价，注重对语文学习过程及学习能力的评价。新课程理念下的考试测评不再重视给学生排名次，而是重视教学效果的反馈，通过考试测评来检查师生的不足。

（2）命题的类型和要求

实习生在实习过程中会参与单元测试、期中考试和期末考试等试题的设计工作。在设计试题前，实习生可以参考实习学校往年的同类试题，从试题形式、内容、知识点分布、难易程度等方面作一个系统的了解。在设计试题时，要多征求学校教师的意见和建议，注意将测试目标、内容、难易程度同教学目标和学生知识能力水平结合起来，既要注意试题的信度，也要注意其效度和区分度。下面分别介绍各类试题的命题类型和要求。

①语文基础知识题。语文基础知识题包括字音测试题、错别字测试题、词语运用测试题、修辞手法测试题、语句测试题、词语运用辨析题、标点符号运用测试题等。基础知识题一般是选择题，属于客观题。此类测试题的命题类型通常是列出四组词或四个句子，让学生找出错误或正确的选项。

②现代文阅读题。现代文阅读题测试以测验学生的现代文阅读能力为目的，一般包括实用文（包括自然科学文章和社会科学文章）阅读和文学作品阅读两大类。实用文阅读命题的着眼点一般为：第一，对关键性词句的理解，如"对文中画线句理解"；第二，对文章某一核心观点的理解，这种理解需要对文章关键内容和全文相关内容进行综合分析，题干一般设置为"以下不能作为（某一观点）依据的一项是"或"下列说法不符合文意的一项是"；第三，对文章内容的理解，如"根据原文提供的信息，以下推断不正确的一项是"。

③文言文阅读测试题。文言文阅读测试题的设计目的是检测学生对文言实词和虚词、关键语句、全文主要内容的学习情况。题型一般有选择题、翻译题和简答题三种类型。如"下列句中加点的词语的解释，不正确的一项是"，"把文言文阅读材料中画横线的句子翻译成现代汉语"等。

④诗歌赏析测试题。这一测试题的设计目的是考查学生对诗歌的语言和情感的鉴赏。试题所选诗歌的篇幅应短小,内容深浅应适度,以便于设置考点。如"本诗开头语言浅白而内涵丰富,请联系下文作简要赏析","后四句主要表达怎样的思想感情? 请结合诗句,作简要分析","简要分析作者在这首词中所表现的心情"。

⑤名句、名篇测试题。这一题目主要测试学生对名句、名篇的背诵和默写情况,内容多为课本中的重点篇章,题型一般是填空题。

⑥作文测试题。作文题是语文试卷中所占分值比较大的试题,在满分为150分的试卷中,作文题所占分值一般是60分。作文题的题干一般包括作文的分值和写作要求,实习生在设计作文题时,命题要注意贴近学生的现实生活和真实感受。如2008年江苏高考作文题:"好奇心总是伴随着美好童年,诸如成功、失败、质疑、平庸等等这些词语与好奇心相关联。请以'好奇心'为题,写一篇800字左右的作文,角度自选,立意自定。除诗歌外体裁不限。"

五、评课与反思

1. 评课

《基础教育课程改革纲要(试行)》中明确指出:"建立促进教师不断提高的教育评价体系。强调教师对自己教学行为的分析与反思,建立以教师自评为主,校长、教师、学生、家长共同参与的评价制度,使教师从多种渠道获得信息,不断提高教学水平。"评课是教育实习的重要组成部分,是提高实习生评课技能和教学技能的重要环节。

(1)评课的目的

美国著名教育评价学者斯皮尔伯格说:"评价的目的不是为了证明,是为了改进。"一般而言,实习生评课的目的有两个:一是通过听课、评课活动,对教师的课堂教学作出基本鉴定,提高自己听课、评课的能力;二是实习生通过评课活动学习其他教师的教学亮点,补己之短,提高自己的教学能力。

(2)评课的类型

按照评课参与人员的不同,可将评课分为小组评课、年级组评课、校级专家评课等类型,不同类型的评课,其程序有所不同,实习生主要参与的有小组评课和年级组评课两种类型。

①小组评课。小组评课,即实习生小组成员之间互相听课后的互相评课。小组评课主要是通过观察其他实习生的上课之后进行的经验交流,小组成员可以直接指出对方的不足,提出改进建议,从而提高实习生的教学技能。小组评课一般是自发组织的,评课程序没有明确的规定,相对比较自由,气氛比较宽松。需要指出的是,虽然小组评课时小组成员可以各抒己见,但还是要注意说话的方式和技巧,以免影响同学之间的感情。

②年级组评课。年级组评课一般是由年级组组长组织起来的,成员不仅有实习生,更多的是在校教师。年级组评课,一般是有主持人和记录员的,并且每个学校的评课程序有所不同。年级组评课时实习生要抱着学习的心态进行评课,认真记录其他教师评课的要点,从而提高自己评课的技能。

(3)评课的内容

①评教学目标。教学目标是教学的出发点和归宿,教学目标的制订和达成情况是衡量一节课好坏的主要尺度。评教学目标主要是从三个方面去分析:一是看教学目标的制订是否符合学生实际,是否符合新课标要求。教学目标的设计应符合新课标的要求,从知识与技能、过程与方法、情感态度和价值观三个维度整体思考设计。需要指出的是,知识与技能、过程与方法、情感态度和价值观这三个维度是一个相互联系、有机融合的整体,而非孤立存在或简单的相加。二是看教学目标是否体现出层次性和差异性,即内容要求的层次性和学生的差异性。三是看教学目标的表述是否规范、准确,是否具有可检测性。教学目标的表述,其行为主体一定是学生,即学生会学到什么,目标的表述要具体、明确,具有可检测性,即把目标落实到与本课教学内容相关的具体要求或某项技能上,如"通过反复诵读课文,从而能够背诵全文",避免概括笼统地讲培养学生某种能力。

②评教材处理。"教材处理是教师把教材内容加工转化成教学实践的一种再创造的活动,是教师驾驭教材能力的集中体现。"[1] 评教材处理,主要分析教师对教材的研读情况,包括教师以什么样的思路去"改造"教材,这样处理是否立足于学生的生活实际,着眼

---

[1] 顾志跃等编著:《如何评课》,华东师范大学出版社2009年版,第11页。

于学生的发展需求,是否符合学生认知发展规律,是否符合时代需求。如《陈奂生进城》这篇课文,新课程下的教学就不应该把陈奂生仅定位于小农思想的局限,而更应挖掘他身上有价值的东西,如农民的朴实、善良等等。随着时代的发展,教师对教材的处理要学会更新,使其处理更适合学生的发展与时代的要求。

③评课堂结构。课堂结构,即教师对整堂课的整体规划,不同的课堂结构产生不同的课堂效果。在新课改的背景下,评价教学的课堂结构要看是否突出学生主体地位,看各教学环节之间的联系是否自然、顺序时间分配是否合理。有的教师准备的内容相当充分,导入和作者简介环节就占了一半时间,那么学生研读文本的时间自然就少了。显然,这样的课堂结构不合理。因此,实习生评课时还要统观这节课,看看其设计是否合理,是否主次分明,是否体现学生主体,是否能够根据教学实际及时调整教学结构。

④评教法运用。评教学方法的运用,就是对教师上课所采用的教学方法进行实际、有效的评价。评教师运用的教法是否合适,要看教师能否灵活运用教学方法来驾驭课堂,学生在这种教学方法的指导下能否积极主动地学习。选择恰当的教学方法要因材施教,这里的"材"指学生和教材。所以,实习生评教学方法也可从课堂上教师与学生的互动情况、教学内容、教学理念以及教具的使用等进行综合评价。

⑤评学法指导。"授人以鱼,不如授人以渔",教师的教学不只在于学生获得知识,更重要的在于学生学会如何学习。新课程理念倡导学生的主体地位,教师对学生的学法指导也是评课的一个重要内容。如教师在教文言文时,指导学生如何背诵,可以从结构技巧中记忆,也可以通过重点字词连缀法记忆;再如教师在上诗词鉴赏课时,指导学生如何体悟诗歌的意境,可以通过反复吟诵,也可以是逐字推敲等。

⑥评教学过程。教学过程是师生为实现教学目标,围绕教学内容,共同参与,通过对话、沟通和合作,产生交互作用,以动态生成的方式推进教学活动的过程。[①] 实习生评课从学生维度、教师维度以及教学环境三方面来观察、评价。从学生维度评价,主要是观察教学过程中学生主动学习的时间有多少,即除教师讲授及教师指定学生回答问题外,学生主动学习的时间,另外,还要观察学生

---

① 顾志跃等编著:《如何评课》,华东师范大学出版社2009年版,第11页。

在课堂中主动学习的空间有多大,即学生在课堂中是否有提问权、自由表达权。从教师维度评价主要是看教师驾驭课堂的能力,包括教学设计是否合理、精密、富有思想性,课堂提问是否有价值,难易程度如何,教师是否鼓励学生思考、质疑,教师面对突发事件的处理能力等。教学环境包括硬环境和软环境。硬环境一般是指教学媒体设施、班级布置设施等等;软环境是指教师的教学风格、课堂学习氛围、教学理念等。评教学理念是对实习生的高要求,实习生可以从教师行为、学生行为等方面进行观察评价。教学环境维度评价,主要是关注教学过程中师生互动、多媒体的运用等情况。

⑦评教学基本功。实习生评课时还要注意对授课教师教学基本功的评价与分析。一般从教学语言、板书设计以及教态三个方面评价。评教学语言,即看教师的语言是否准确、规范、简练、生动、富有感染力。评板书设计,即看板书是否直接体现教学内容及教学重难点,设计是否新颖,书写是否规范、美观。评教态,即从教师的行为举止、眼神表情、服饰衣着等方面进行评价。在教学过程中,教师的眼神尤为重要,教师用和蔼的目光表示赞许,会使学生振奋精神,积极互动;教师用警惕的目光暗示注意力不集中的学生,学生便会心领神会,从而集中注意力。教师教学中优美的手势会使课堂生动起来,产生"此时无声胜有声"的效果。理想的教态是仪表端庄,态度热情,语言生动活泼,手势语运用恰当,切忌过于频繁、过于夸张。

具体的教学评价参见表2①。

表2　浦东新区中小学课堂教学评价表(试行稿)

姓　名		学　校		授课班级			
学　科		时　间		节　次			
课　题							
评价指标				9—10	7—8	5—6	0—4
教学目标	目标明确、具体、适切,符合学科课程标准和学生学习实际						
教学内容	内容正确充实,符合学生认知规律,突出重点、联系实际						
	凸显学科内涵,能整合教学资源,力求恰当、有效						

---

① 顾志跃等编著:《如何评课》,华东师范大学出版社2009年版,第5页。

评价指标		9—10	7—8	5—6	0—4
教学过程	激发学生兴趣,培养旺盛的求知欲。学生学习主动、积极、投入,敢于质疑,发表自己的看法				
	关注全体,重视学法指导,注重启发性和针对性。教学方法灵活、生动,注意生成资源,发挥教学机智				
	教学环境有序、互动、民主、和谐				
教学效果	落实"双基",增强体验,身心愉悦				
教师素养	为人师表,教学基本功扎实,技术运用得当				
	学科功底厚实,知识面广,有探索新知的热情				
	努力形成教学特色,有创新意识				
教学点评					
总分	等 级			评议人	
备注	累计得分85分以上为优,75—84分为良,60—74分为中,60分以下为差				

(4)评课的要求、误区与技巧

要求:实话实说,评得真实;心平气和,评得友好;突出重点,评出特色;激励鼓舞,评出干劲;因人而异,评出个性;策略艺术,评得和谐。

误区:听后不评,失去意义;评课随意,无关痛痒;事无巨细,面面俱到;一团和气,双方无益;空谈理论,大而无当;孔中观人,一节定性。

技巧:抓评课着力点;抓教学亮点;注重理性分析;重视以学论教;抓细节,归类分析。

2. 反思

(1)概念

教学反思,是指教师对教育教学实践的再认识、再思考,并以

此来总结经验教训,进一步提高教育教学水平。教学反思一直以来是教师提高个人业务水平的一种有效手段,很多教师自觉地从自己的教育实践中来反观自己的得失,通过教育案例、教育故事或教育心得等形式来提高教学反思的质量。

（2）目的

教学反思是教师专业发展的助推器。叶澜教授曾说,一个教师写一辈子教案不一定能成为名师,但如果一个教师能写三年的教学反思,就有可能成为名师。对于实习生来说,经常性的教学反思是提高教学技能的有效方法之一。实习生教学后进行及时反思,有利于发现自己教学中的优缺点,从而更快地进入教师角色,发展教师技能,而不是三分钟热度或流于形式。

（3）内容

①对教学内容和教学目标的概述。教学反思,首先是回顾本节课整体的教学情况,看看主要内容是否完整,教学目标是否达成。通过学生的课堂参与,反思本节课的三维目标的制订是否合理,难易程度是否合适,学生对教学内容的兴趣如何,如果兴趣不够应该如何调动,等等。

②对教学成功之处的总结和积累。每一节课都有其闪光点,实习生的课堂教学亦是如此。也许是精彩的导入、巧妙的问题设计、融洽的教学氛围等,凡是能够很好地调动学生学习积极性的环节或做法都要记录下来,供以后教学时参考,并在此基础上不断改进,推陈出新。同时随着课堂教学的深入,在师生互动过程中往往会迸发一些灵感,要及时记录下来进行课下反思。

③要找出教学过程中的缺陷与不足。教学是有缺陷的艺术,实习生上课难免有许多不当之处,因此,在反思中要准确找出自己教学过程中的缺陷与不足,实事求是地分析,不能妄自尊大,也不能妄自菲薄。对课堂教学中的失误要冷静地分析,向指导教师、同伴请教,也可问一下学生的建议,找出原因,找出相应的解决策略。

④要提出今后的改进方向与目标。教学反思的目的是发现教学中的不足,从而加以改进,提高自己的教育教学水平。实习生在进行深入反思的基础上,要将这些不足之处整理出来,并结合所学理论进行分析,进行分类梳理。在此基础上制定出改进的方向与目标,并制订出改进方案,逐步改进,以使自己的教学工作日臻完善。

（4）方法

①在先进理念的引领下反思。教学反思不是低层次、低水平

的经验总结。实习生在进行教学反思时,要着重看自己的教学是否符合新课程理念,是否将语文教学的人文性、工具性很好地结合在一起,是否做到了引导学生自主、合作、探究式学习,是否实现了语文教学的三维目标。在反思中,结合建构主义教育理论,运用发现教学法、有意义学习、信息加工理论以及多元智能等理论进行分析,有助于大家从不同角度发现问题、解决问题。

②在教学全过程中反思。教学反思应贯穿于整个教学过程。在教学设计时反思一下自己最初的教学思路和以前的教学情形,以备借鉴之用。在课堂教学前反思自己的教学设计目的、过程、内容方法等有无不妥之处。在课堂上学生的特殊表现情况特别是意外情况出现时,反思一下这些情况的出现是不是课堂设计时的纰漏,学生出现闪光点时反思一下自己为什么没想到。在批阅作业时反思一下学生出现错误的原因是不是在于自己的教学活动不周全。这种反思不同于课后的反思,它是教师对现实状况的及时思考。当然,课后反思更重要,这种集中反思是对问题的深入系统的思考。

③在合作中反思。教学反思不是闭门造车,独自深思。教学反思既离不开自己的深入思考,也离不开开放性的合作。在合作中反思完全可以借助他人的力量克服自身缺点。合作有利于提高反思的效率,大家在分工协作中共享反思成果,使反思更具有效率。在合作中,每个人对同一个问题有不同角度的观察分析,有助于实习生从不同角度发现问题,解决问题。

④在学生评价中反思。学生的评价对教师的教学工作具有重要的参考价值。实习生在实习过程中要注意倾听学生的意见和建议。当然,学生的某一些建议可能不那么中听,甚至有些片面,但这些都是来自于教学对象的直接反馈,是很珍贵的第一手材料,因此,应该对学生的意见或建议进行认真分析,汲取其合理的成分。这种教学反思,会促使教师的教学更适合学生的发展。

⑤教学反思的途径和具体方法。教学反思一般有三个途径:第一个途径是回顾教学,即对教学过程进行回忆,回忆整个教学情境,从中发现问题或闪光点。这是一个动态过程,主要通过教后记忆、案例评析、教学笔记、教学日记等形式把反思的东西记录下来,用文字形式固定教学反思成果。第二个途径是教学研讨,即通过现场听课或教研活动等方式进行反思,具体方式有现场听课、观摩教学、同事评议和"专家会诊"。第三个途径是教学课题,指的是通

过课题研究的方式进行反思，包括课题研究、教学叙事、教学实验等方式，这是学术性的教学反思，更具有推广性和适用性。

  语文教师进行教学反思的具体方法比较多，实习生最常用的是质疑法、求证法、对比法、换位思考法等。质疑法就是对自己的教学目的、教学内容、方式方法以及教科书、教育理论、教育政策等进行质问，拷问其合理性、科学性，在质疑中发现问题，提出改进方法。求证法是对自己反思的疑问或成果进行验证，看自己的疑问是不是真的存在，自己的设想和理念是否合理。这种求证除了依据先进理念外，更重要的是依据教学实践。对比法是把自己的教学思路、方式方法同别的教师进行比较，可以采取收集材料的方法进行纵向对比，看一下自己的教学同以往那些教学名师相比有什么优劣，也可以通过教学观摩、评课、教研活动等方式进行横向比较，从而发现自身优点、缺点，取长补短，改进自己的教学方式方法。换位思考法主要是师生换位，想一想如果自己是学生会对这个问题怎样思考，对教学怎样评价。教师写"下水作文"以及让学生当老师讲课等方式都是很好的换位思考方法。另外，还有师师换位法，当听观摩课或公开课、示范课时想一想如果是自己该怎样讲这一节课，从而将自己的思路同授课教师比较，发现自己的优点和不足。

专题四

教育管理工作实习

与中学生共同成长

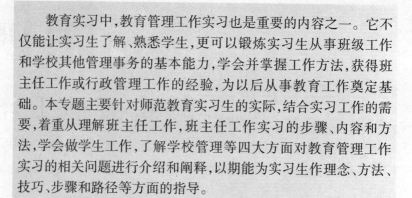

教育实习中,教育管理工作实习也是重要的内容之一。它不仅能让实习生了解、熟悉学生,更可以锻炼实习生从事班级工作和学校其他管理事务的基本能力,学会并掌握工作方法,获得班主任工作或行政管理工作的经验,为以后从事教育工作奠定基础。本专题主要针对师范教育实习生的实际,结合实习工作的需要,着重从理解班主任工作,班主任工作实习的步骤、内容和方法,学会做学生工作,了解学校管理等四大方面对教育管理工作实习的相关问题进行介绍和阐释,以期能为实习生作理念、方法、技巧、步骤和路径等方面的指导。

一、理解班主任工作

全国优秀班主任魏书生在他的《班主任工作漫谈》的自序里写道:"我属于愿意当班主任的那类教师。我总觉得,做教师而不当班主任,那真是失去了增长能力的机会,吃了大亏。"①班主任在学校教育中到底做着哪些工作?扮演着什么样的角色?为什么会让魏书生觉得是如此光荣而又具诱惑力的工作呢?师范教育的实习生班主任工作实习应从理解班主任工作开始。

1. 班主任的教育角色

角色是一个人在特定群体中的身份和地位,这样的身份和地位就决定了担任某一社会职位的人应具有的思想和行为。在学校教育中班主任是怎样的角色?班主任和非班主任教师到底有什么不同?时代在发生日新月异的变化,班主任在这崭新的时代是否应该及时调整和重新定位自己的角色呢?只有明确了班主任在学校教育、班级教育中的地位和身份,真正辨明班主任和普通任课教师的不同,才能更好地、全面地开展工作。

---

① 魏书生:《班主任工作漫谈》,漓江出版社2008年版,第1页。

（1）班主任是学生全面发展、健康成长的守护者

学生的全面发展，人人有责，这一点上班主任和普通任课教师没有区别，但在班级教育管理方面，班主任是主要责任人，这是和普通任课教师的区别所在。"在普遍要求全体教师都要努力承担育人工作的情况下，班主任的责任更重，要求更高。"①

班主任担负着一个班级学生的全面教育管理工作，和学生朝夕相处，比其他任课教师有更多的条件和机会了解学生，能够给每一个学生细致而具体的帮助。

班主任要全面关心学生成长。既要关心学生知识的掌握和能力的习得，也要关注他们情感的细微动向；既要关心学生当前的发展，给予他们生活、学习、身心健康等方面的关怀，也要关照学生未来的发展，为学生们终生的发展奠定根基。"人通过教育获得的不仅仅是知识的丰富与行为的改善，而是获得了生活的智慧与精神，获得全面生活的力量。"②班主任就是要帮助学生获得全面生活的力量，并且义不容辞。

（2）班主任是班级的领导者

一个班集体不仅仅是几十名学生的简单集合，应该是这些具有不同个性、兴趣、智力和品德的学生在班主任的带领下形成具有特色文化，具有共同的精神、共同的目标，有凝聚力、向心力的一个集体。在这样的一个集体形成的过程中，班主任承担着班集体建设者、班级事务决策者、班级责任人等多重角色。

①班集体建设者。班集体有共同的目标，有班风班貌，有班级规范，这都需要班主任进行建设和管理。要遴选班干部，构建班级组织；要完善班集体的规章制度，使班级活动有章可循；还要带领学生确立班级理想等等。

②班级事务决策者。班主任必须参与一些班级事务的决策过程，比如一些突发事件的处理，班级内部矛盾的解决等，帮助学生学会判断和决策。班主任参与班级事务的决策，一方面可以保证班级健康良好的发展，同时也可教会学生们一些决策的原则和方法。

③班级责任人。班主任作为一个班集体的核心领导者，有一定的权力和权威，但主要是承担着责任和义务，也就是班主任担当

---

① 《教育部关于进一步加强中小学班主任工作的意见》，2006 年 6 月 4 日。

② 刘铁芳：《走向生活的教育哲学》，湖南师范大学出版社 2005 年版，第14—15 页。

着班集体的建设和促进学生发展的重任。

（3）班主任是各种教育力量的协调者

一个学生或者一个班集体的发展，是任课教师、家长、学校管理人员和社区等各种教育力量综合作用的结果。由于各种主客观原因，各种教育力量很多时候并不一定都能自觉地形成合力，时常会发生矛盾，出现不和谐因素，班主任必须担负起协调、沟通各种教育力量的职责。

班主任不仅要协调学生和各科任课教师的关系，还要做好班级、学校与学生团体、家庭、社区的衔接工作。学生不仅仅是在班级里、学校里受到教育，"他所遭遇的任何一个人或任何一件事，都可能构成对他的'教育'，都可能在其个人生命成长中占据着举足轻重的位置。教育是生命的呼吸，它无处不在"①。班主任要善于把各种教育力量中能对学生产生积极影响的因素汇集成强大的教育合力，使得班级、学校和学生团体、家庭、社区之间能够良性互动，创建一个良好的班级教育生态环境。

2. 班主任工作的特点

班主任工作的根本出发点是促进学生的良性发展和健康成长，基于这一神圣使命，班主任需要倾情投入，因而情感性是班主任工作的根本特征。就工作本身而言，班主任工作又具有以下几个方面的基本特点。

（1）全面性

"把一个人在体力、智力、情绪、伦理各方面的因素综合起来，使他成为一个完善的人，这就是对教育基本目的的一个广义的界说。"②基于这一理念的班主任工作就有全面性的特征。

班主任要关心全体学生的成长和发展。关注每一个学生的班级生活质量，关心每一个学生的发展，而且要根据不同学生的特点采用不同的教育方式，让他们成为个性化的、鲜活的人。

班主任要关心学生的全面发展。关心学生的知识学习，同时也要培养学生良好的学习习惯；关心学生的生理发育，同时也要关

---

① 刘铁芳主编：《重温古典教育传统》，华东师范大学出版社 2008 年版，第 128 页。

② 联合国教科文组织国际教育发展委员会编著：《学会生存——教育世界的今天和明天》，教育科学出版社 2008 年版，第 195 页。

心学生的心理健康。

班主任要关心学生的全程发展。"儿童的当下生活既有自足的意义,又是不完满的,这种双重性决定了教育一方面要尊重学生的当下生活,另一方面又要帮助学生在现有的基础上有所发展。"①中学生的一切都还没有定型,有无数的可能性、无尽的选择和无可限量的未来,班主任要拓展学生的发展空间,关注学生当下和将来的发展。

(2)琐碎性

有人把班主任比喻成"保姆",虽然不是十分妥当,但是也在一定程度上说明班主任工作琐碎、繁杂。班干部队伍的确立、班容班貌的建设、班级规章制度的制定、教室的布置和卫生、座位的安排、自习纪律的监督、课间操和眼保健操的检查、班会的召开、学生之间及师生之间的矛盾的调节、学生的服装和发型等等都在班主任的工作范围之内。这些看来繁杂而琐碎的班务,一旦处理不好就会影响整个班集体的正常运转。或好或差的班风、或强或弱的班级凝聚力也正是在对这些繁杂之事的处理中形成的。从一定意义上讲,这些琐碎之事就是成就或败坏一个班主任的因由。

(3)民主性

魏书生说:"民主像一座搭在师生心灵之间的桥。民主的程度越高,这座连接心灵的桥就越坚固,越宽阔。"②这表明,民主性应是班主任工作的重要特征。基于此,班主任在工作中要改变管理模式,转换管理角色,要变刚性管理为柔性管理,变规训者角色为引导者角色。要充分尊重学生的主体地位,以平等的态度和学生交流思想,交换意见,听取他们的建议,同时也要注意民主基础上的集中。

(4)反复性

教育是一个长期反复、螺旋上升的复杂过程,因而班主任工作亦具有反复性的特点。有些学生的一些不良习惯是会反复的,有的学生有不交作业的习惯,有的学生迷恋网络游戏,有的学生抽烟,这些不良习惯都容易反复,容易挫伤班主任的教育积极性。

班主任不能急于求成,忽略学生改正不良习惯是一个曲折的过程。"淘气的学生在几年的淘气史中,会有上百次的自食其言,会有上百次拒绝良言相劝,会有上百次逃避父母管教,会有上百次

---

① 黄正平:《班主任专业化论纲》,南京大学出版社 2009 年版,第 9—10 页。
② 魏书生:《班主任工作漫谈》,漓江出版社 2008 年版,第 335 页。

敷衍老师。对我们某一次成功的教育来说,只要不是第一百零一次拒绝、敷衍,只要有了一步朝前的跨越,就很不容易了。不要期望过高,期望过高既不利于教师树立教育信心,也不利于学生树立改过的信心。"①

（5）灵活性

班主任开展工作有一些基本方法可以应用,有一些规律需要遵循,班级管理中也有规章制度必须遵守。但是在实际的工作中,可以灵活地应用一些方法和规律。比如,班主任常常采用"堵"的方式来制止学生一些不良行为,不准抽烟、不准进网吧、不准喝酒,这样"堵",效果并不一定好,如果像大禹治水那样采用"导"的方式可能反而效果会很显著。

班级的规章制度也要有适当的弹性,有点灵活度。班主任工作中切忌过于刻板地应用某些方法,切忌让一些班级制度过于刚性,缺乏温情。海德格尔说:"制度本来是人制定的,如果没有给人鲜活的生活留下足够的自由空间,就会给人带来极大的束缚。"②

班主任工作还应该具有一定的导向性、包容性、预见性、专业性等特点,这里就不再一一详细介绍。

3. 班主任工作的原则

《爱的教育》的译者夏丏尊在序言里说:"教育上的水是什么?就是情,就是爱。教育如果没有了爱,就成了无水的池,任你四方形也罢,圆形也罢,总逃不出空虚。"③爱是教育的灵魂和前提,更是做好班主任工作的基础,是开展班主任工作的根本原则。以此为出发点,班主任应遵循以下几条基本原则。

（1）爱严相济的原则

在班主任工作中,"爱"和"严"是矛盾的,又是辩证统一、相辅相成的。在对学生充分尊重的基础上提出严格要求,本身就包含了一种关爱;同时,班主任只有真心地热爱学生、信任学生,本着对学生负责的态度,才会提出严格的要求。爱和严相济,对班主任而言是建立自己威信的重要途径,对学生也是一种积极的力量。

---

① 魏书生:《班主任工作漫谈》,漓江出版社 2008 年版,第 330 页。

② 转引自刘铁芳主编:《现代教育的生命关怀》,华东师范大学出版社 2007 年版,第 12—13 页。

③ [意]亚米契斯:《爱的教育》,夏丏尊译,上海三联书店 2008 年版,第 1 页。

班主任对学生的热爱、关心应当是真诚的,只有学生感受到班主任真心的爱,他才会回应。同时,班主任也应提出恰如其分的要求,对学生的缺点和错误不能以爱的名义一味地姑息、原谅,学生自己能做的事情,交给学生自己来完成,不用过分操心,为其代劳。

　　(2)身教重于言教的原则

　　学生向师性的特点和教师职业示范性的特点决定了教师必须以身作则。孔子曰:"其身正,不令而行;其身不正,虽令不从。"(《论语·子路》)这表明孔子十分强调教师的身教,认为身教重于言教。孔子、陶行知等许多著名的教育学家用一生的实际行动证明了教师以身作则的必要性。班主任应该处处为学生做出表率,用身教来影响和熏陶学生。

　　从衣着打扮到言谈举止,从为人处世到社会公德,从教学水平到个人学养,班主任都要严格要求自己,自正其身,率先垂范。班主任要言行一致,表里如一,不能此一时彼一时,言行脱节。魏书生说:"教师应该成为自己的第一个学生,你教别人做什么,你就先问问自己愿不愿意这样做;你向学生说什么,先想想自己愿不愿意听。"[1]很多时候学生不会在意教师说了什么,而看重教师自己做到了什么。人格的力量、榜样的力量才是强大的、长久的。

　　(3)平等、民主、公正的原则

　　平等、民主、公正是现代人文精神的要求,亦应成为教育过程中班主任工作的原则。班主任在工作当中要认识到师生之间、学生之间在人格尊严上都是平等的,应该把学生当成鲜活的生命,而不是装知识的容器,装分数的袋子。班主任要尊重、信赖学生,对班级里的全体学生,在感情上要一视同仁。同时也要注意对学生进行差异性的教育和管理。

　　班主任要保护学生的权利,呵护学生的自尊,不能简单、粗暴地对待学生,更禁止侮辱学生人格、践踏学生尊严的行为。在班级管理上,班主任要实行民主管理,尊重学生的利益和意愿。要准确、客观地评价和分析学生成绩、优缺点,采取适当的、公正合理的措施。

　　(4)集体教育的原则

　　学生集体对学生个体具有重大的教育力量,苏联教育家马卡连柯就十分重视用集体的力量来教育学生,他说:"教育了集体,团结了集体,加强了集体,以后集体自身就能成为很大的教育力量。"

---

　　① 魏书生:《班主任工作漫谈》,漓江出版社2008年版,第332页。

良好的集体以积极健康的班风、团结亲密的人际关系、积极进取的学风对每个成员产生巨大的教育影响力和情感、精神感召力,为学生的才能、兴趣、个性特长提供良好的发展条件。

要发挥集体的作用,班主任首先要培养一个舆论正确、风气良好、纪律严明、有共同奋斗目标、有朝气有活力有荣誉感的学生集体;其次,把集体当做教育的主体,向集体提出要求,再通过集体去要求、教育个人。当然,通过集体教育个人和通过个人来教育集体并不相悖,班主任在工作中,可适时地针对个别情况,开展个别教育,通过学生个人的转变来影响和教育集体。班主任要巧妙地应用这一原则,让"大集体"和"小个体"都得到最优化的发展。

4. 部分优秀班主任的工作经验举例

班主任工作艰辛、琐碎,但这并不能阻挡优秀者的出现,很多班主任都有着个性独特的班主任工作经验,由于篇幅所限,不能一一和大家分享,这里只选取两位有代表性的优秀班主任,就他们的班主任工作方法作一些概述性的介绍。

(1)魏书生的民主与科学班级管理模式

魏书生,全国著名语文特级教师,在语文教育各方面教绩显著,就班主任工作而言,他积累了非常丰富的管理经验。1981 年,被辽宁省政府授予"优秀班主任"称号;1984 年,被评为"全国优秀班主任";1985 年,被全国总工会授予"'五一'劳动奖章获得者、全国优秀教育工作者"称号。

魏书生常年在外地讲学,但是他的班级却运行得有条不紊,问其原因,魏书生说一是靠民主,一是靠科学,具体到班级管理模式上就是学生的自我管理和以"法"治班。

①学生自我管理。魏书生很注重培养学生的自我管理意识,他向学生传达的一个理念是:管理在教学活动中是必要的,但管理不是教师来约束学生,而是学生在学习活动中的一种自我控制和自我约束。

魏书生通过创设多种多样的自我教育形式,如他常常以"两个自我"等为主题要求学生写作文,来引导学生正确认识自我,他还常常引导学生制订自我教育计划,计划一天的时间怎么过,一个月怎么度过,并引导学生持之以恒地坚持自己的自我教育计划。

②以"法"治班。在魏书生的班级里,全班同学根据本班的实际情况制定班法班规,并在一定的监督检查系统的保证下得以落

实。通过制定"法",让民主和科学深入学生的内心,培养学生民主的精神、科学的态度。

首先,班法班规系统化。这些班法班规分两部分,第一部分是按空间范畴制定的"岗位责任制",包括常务班长职责、团支部职责、班委会委员职责、值周班长职责、值日班长职责、课代表职责、专项任务承包责任制。第二部分是按时间范畴制定的各种常规,包括一日常规、一周常规、每月常规、学期常规、学年常规。这些都是粗略的梗概,我们以某学年《班法班规》第一部分岗位责任制之第八项专项任务承包责任制的 B 为例。

B.学习方面

(1)王磊(负责检查作业。可定期检查,亦可抽查,未完成者,立即补上,打水一桶。)

(2)张颖(负责语文文学常识的归类及解答同学们的疑问、辅导。)(其余承包字、词、句、标点、读写知识、汉语知识、修辞、课后习题、文言文知识者略。)

(3)王磊(负责指导同学出互测试题,没按时出完者,写 1000 字说明书,并当天补上。试卷没写出题人或没装订在一起,均写 500 字说明书。负责收取试题并组织同学们抽签考试。)

(4)张一楠(负责组织互测后未达到分数线的同学出补考试题,并组织补考。)

(5)赵伟(负责监督不懂装懂的同学。不懂装懂,打水三桶。)

(6)张士英(负责组织每两周一次的智力竞赛活动,包括竞赛题的选择、竞赛方式的确定。)

(7)刘文强(负责检查中午路上背一个英语单词的活动,没带单词本或书者,立即回教室取。)

(8)赵海(负责帮助赵伟同学掌握学习方法,提高学习成绩。检查其各科作业完成情况。)(另外几名帮助后进生的同学略。)①

其次,严格执"法"。魏书生的《班法班规》很容易就能找到"罚"、"写说明书"这样的字眼。但是这些处罚的办法,充满童趣,十分幽默风趣,有的甚至幼稚得令人发笑。例如:"对犯了错误,挨批评时只顾流眼泪的同学,每滴眼泪收 100 字说明书。"又如:"检查座右铭,未摆到桌上者,立即摆上,并擦玻璃一大扇。"再如:"造谣危害别人者,写 5000 字说明书;传谣危害别人者,写 2500 字说明

① 魏书生:《班主任工作漫谈》,漓江出版社 2008 年版,第 330—331 页。

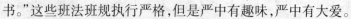

书。"这些班法班规执行严格,但是严中有趣味,严中有大爱。

(2)万玮的震撼式与感化式

万玮,上海市浦东新区平和双语学校校长助理和数学教师。在班主任工作上经历一番挫折之后,他总结出一套刚柔并济的个性化班级管理模式,即震撼式与感化式。

①震撼教育。万玮认为震撼教育对学生的心灵撞击方式有两种,一种是感动,它是感化的必然结果,是一种积极的心理体验,另一种是触动,或者叫震动,它带给受教育者的往往是相对消极的心灵体验,如羞愧、难过、悔恨、失落、郁闷、委屈、挫败、恐惧等。从教育效果来说,两种方式都能起到启发学生心灵的作用,但在具体实践中,第二种方式往往为教育者忽略。以至于一谈到教育,就必然披着温情的面纱,严厉与严格的方式往往不为教育者所采用。

万玮的震撼教育有三个特征:第一,教育设计聚焦于教育目的。围绕目标的实现,一切可能的教育行为都在考虑之中,而最终选择的,一定是效果最好的那种。也只有聚焦于一点,才能达到震撼的效果。第二,教育对象的心灵受到感动或者震动。在震撼教育的实施过程中,教育者的言语绝不能从学生的"左耳进,右耳出",否则,这样的教育一定不能产生作用。教育者常常要有一些出其不意的言行,通过节奏或是强度的变化来吸引学生的注意,撞击他们的心灵。比如说一位平时十分刚强的男老师偶然在学生面前流泪了,这泪水就一定能够起到震撼的效果。第三,教育的效果是在一瞬间实现的。教育的设计过程可以很复杂,教育行为的实施也需要很长时间,但是,教育目标的实现就在一瞬间,也就是心灵受到震撼的那一刹那。真正的震撼教育应该具有"一语惊醒梦中人"的效果,那一刻,如同醍醐灌顶,心中豁然开朗。

消极的心理体验并不一定带来消极的行为,如果引导得当,可使教育对象产生反思和警醒。这是震撼教育的理论前提。当教育者通过震动的方式实施震撼教育时,如何保证教育对象的消极心理能带来积极行为呢?万玮认为这取决于教育者和教育对象之间的情感基础。两者之间情感融洽程度越高,那么,实现积极震撼教育效果的可能性就越大。从这个角度来说,震撼的基础仍然是感化。

②感化教育。"在学生工作中,如果说一定有什么东西是永恒的真理,那么爱学生应该是第一个吧。"①震撼的基础是感化,是爱。

---

① 万玮:《班主任兵法》,华东师范大学出版社2009年版,第12—13页。

万玮将爱划分为三个层次。第一个层次是简单的奉献和给予，这种爱简单而直接，是那种捧在手里怕摔了，含在嘴里怕化了的爱，就是某种意义上的溺爱。第二个层次是帮助对方获得成功，这种爱也是一种给予，但给予的内容不是物质，而是精神层面的自尊与自信。第三个层次的爱是创造际遇，让对方获得心灵的成长。教师的爱应该着力在第二和第三个层次，让爱悠长而耐人寻味。

现在从"一立千钧"这个小小的故事来品味一下万玮老师的震撼教育。某天晚自修时，因为有家长打来电话，万玮老师便和家长聊了起来，十几分钟后，隐隐约约听见自己的班级里传来很响的说话声，并且吵闹声越来越大，他不得不挂上电话，大步流星地走到教室门口，猛地推开门，气势汹汹地出现在学生面前。愤怒让他的脸成了铁青色，但是他控制住自己，作了这样的处理：

我开始说话，在足足盯了他们好几分钟之后，我终于开始说话。

我说，我非常难过，不是为你们难过，而是为我自己难过。刚才我只不过是去和一位同学的家长打了个电话，你们就这么吵，以至于这个电话都没有打完我就不得不很遗憾地挂断它回到班级来监督你们。我非常生气，不但生你们的气，更生我自己的气。我要好好反思一下这段时间来对你们的教育，为什么竟然如此失败！

我的话音低缓而清晰，全班同学都不说话，眼睛一眨不眨地看着我。我接着说，我是一个不称职的老师，我要惩罚自己，我决定在教室里站到八点半，我要从头开始反省我自己的失误！

这番话说完，我已经相当冷静了，接下来我紧闭牙关，一个字也不再多说。我坚定的举措让学生们目瞪口呆，他们呆呆地看着我好一会儿，发现事情已经毫无转机，遂先后低下头去，开始看书、做作业。

其时是七点半，晚自修八点结束。我站在那里，像一尊雕塑，一动不动，眼睛看着虚无缥缈的窗外。

接近八点的时候，大部分学生的作业都陆陆续续地做好了。他们抬头看看我，又看看手表，最终还是无奈地做起了其他事情。有人开始背英语单词，有人开始看起了报纸，还有两个人干脆坐在那里发呆。

八点的铃声响了。教学楼里一下子热闹起来，别的班级晚自修下课了，走廊里也变得很吵，年级里其他班级的学生在排队准备回宿舍，我仍然站在那里，一个字也不说，教室里一片寂静。

走廊里的喧闹又回归平静，排队回宿舍的队伍渐渐远去了。

教室里寂静异常，如果有一根针掉在地上也绝对能听到响声……八点半的钟声响起时，全班竟然没有任何放松的声音，当然，大家的眼睛都看着我。我十分平静，也不愿食言，我对他们说了两句话。第一句是：如果你们平时的晚自修都像这一个小时一样，我将永远以你们为豪。第二句是：给大家一分钟的时间，迅速收拾好物品到教室外面排好队。①

二、班主任工作实习的步骤、内容和方法

在班主任工作实习中需要做哪些准备工作，班主任工作的实习需要掌握什么样的方法，班主任工作的实习内容大体有哪些，按照怎样的步骤展开实习，是本部分要阐述的内容。

1. 角色与定位

我们已经在前文中提到角色决定着一个人在自己的职位上应该有的思想和行为。在教育实习中，实习生担任的社会角色是多重的。对于实习学校的学生来说，实习生是教师，是管理者；对于所在实习学校的老师和领导来说，实习生是学生，是被管理者。在整个实习过程中，实习生既是受教育者，又是教育者，是集"学"和"教"于一身的双重角色。实习班主任也是这样的一个双重角色。

（1）首要角色是学生，也是指导教师的助手

在实习中，实习生的首要角色是学生，通过实习来学习和掌握教学的技能和智慧。不仅要虚心认真地向中学一线老师学习经验，也要认真地向带队老师学习课程、教学等各方面的专业理论知识。

实习生在班主任工作实习中离不开原任班主任的帮助和指导，也要积极地配合和协助原任班主任的工作，辅助和支持原任班主任搞一些常规活动，如班级主题班会、运动会等，帮助原任班主任组织和管理学生，分担日常管理工作，比如查操、监督晚自习、检查教室卫生等等一些力所能及的具体工作。在担任好"助手"这个

---

① 万玮：《班主任兵法》，华东师范大学出版社 2009 年版，第 89—90 页。

角色时,也不能遗忘自己"实习班主任"的身份,失去独立实践的机会,因为教育实习是师范生从学生向教师转变的重要过程。

（2）亦师亦友

在实习中,实习生要给学生上课、教授知识,组织开展班级活动,为学生的学习和生活排忧解难,担当教师的角色。由于和学生的年龄差距不大,兴趣和体验接近,实习生更容易得到学生的好感、信任,容易被当成哥哥姐姐,容易成为他们的知心朋友。过分威严会和学生之间产生隔膜,太过亲近又容易丧失教师的威信,在"师"和"友"之间找到平衡点是至关重要的。

2. 班主任工作实习的步骤

（1）实习前准备工作

准备是指思想上的准备和知识、能力上的储备。在实习前首先要对班主任工作的必要性和重要性有充分而深刻的认识,以清除对班主任实习工作认识上的误区,例如:认为教育实习就是练习上好课,提高教学技能,巩固所学知识;认为以后走上教师工作岗位,也不一定要当班主任,何必浪费时间在班主任工作的实习上;等等。

因而,实习生首先要作思想上、心理上的准备,要认识到班主任工作实习不仅可以让自己全方位地了解学生,获得班主任工作经验,熟悉各个教育环节,更可以锻炼从事班级工作的基本能力（协调能力、组织能力、应变能力、决断能力等）,增强对未来教育工作的适应性。

其次,实习生在实习前在知识和能力方面还要作一定的储备。比如夯实教育学、教育心理学等有关知识,了解班主任工作的基本原则、基本任务、基本方法等知识;利用空闲时间去附近的中学见习班主任工作,为正式实习打好一定的基础。

（2）正式实习

师范教育各专业实习时间现在调整为一学期,班主任工作实习的时间比较充裕,实习内容比较丰富。因此在正式实习的这一阶段,应该按照计划开展班主任工作实习,在实习学校领导和原任班主任的指导下,严格按照实习规程开展活动。尊重实习学校的领导、教师和其他工作人员,认真学习原任班主任的工作经验,抓住机会锻炼自己管理班级的本领,以及处理偶发事件的能力。

在实习中根据实际情况,可随时调整自己的实习计划,填写好实习日志和实习手册。尤其要写好日记,把班集体中每天发生的

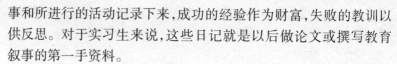

事和所进行的活动记录下来,成功的经验作为财富,失败的教训以供反思。对于实习生来说,这些日记就是以后做论文或撰写教育叙事的第一手资料。

（3）实习总结,反思提高

一般实习结束,都是寒暑假,实习中很多新鲜的感触、一闪而过的灵感会因为长长的假期而被遗忘。因此,班主任工作实习总结最好在实习结束前两三天进行。除了整理实习日志和实习手册之外,全体实习生还可进行讨论,回顾自己在实习班主任工作中的情况,总结经验,交流思想,肯定成绩,指出不足。

实习结束前还要开好与实习班级的师生告别会,除了真心地感谢原任班主任老师的指导和帮助,感谢学生的配合以外,还可以和学生进行真诚的交流,让学生对自己的班主任工作实习提一些意见或者建议,以便更清晰地认识自己的班主任工作实习,从而反思提高。

3. 班主任工作实习的具体内容

班主任工作任务重、头绪多、要求细。怎样在短短一学期的时间里做好班主任的实习工作呢? 实习生在实习中应该做并且能够做好的有哪几项工作呢?

（1）了解学生,订出切实可行的班主任工作实习计划

实习生缺乏经验,对于如何开展实习班主任工作,做哪些工作,应该达到什么目的以及如何实现这些目的,往往会心中无数。更由于班主任工作面广而杂,因此为了避免工作的盲目性和顾此失彼的现象,从而有效开展班级各项活动,就应该制订比较详细、可行的计划。实习计划的制订一定要建立在了解学生的基础之上,因此实习生在进入实习学校之后,就要抓紧时间熟悉学生和班集体情况。

制订计划必须以实习学校的总体规划和原任班主任工作计划为依据,在原任班主任的具体指导下进行。如果一个实习班有两个以上的实习生,就应该共同研究,彼此分工。计划应该根据实际的情况进行灵活的修订和调整。通过这项工作,实习生可以了解并掌握制订、实施和修正班主任工作计划的经验。

（2）班主任日常工作的实习

班集体的日常工作是繁重而琐碎的。从一周的活动看,除了上课和自习外,一般还有升旗仪式、团队活动、一周班会、大扫除等;从一天的活动日程看,有早读、课间操、眼保健操、晚自习等。

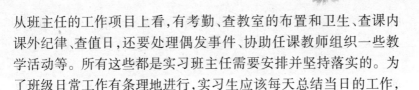

从班主任的工作项目上看,有考勤、查教室的布置和卫生、查课内课外纪律、查值日,还要处理偶发事件、协助任课教师组织一些教学活动等。所有这些都是实习班主任需要安排并坚持落实的。为了班级日常工作有条理地进行,实习生应该每天总结当日的工作,安排次日的工作。

要做好班主任的实习工作,实习生绝不能一味地埋头备课和批改作业,要深入班集体,掌握实习班级的学习、纪律和卫生等情况,要利用一切机会到班级里进行指导,如早读、晚自修等。

除此之外,实习生还可以有目的地组织学生开展一些活动,比如指导学生利用班里的黑板报开设《每日一首诗》专栏,由全班同学轮流负责选录、抄写、讲解诗词。通过类似的活动,不仅使学生有了课余实践的机会,也可以帮助学生记忆唐诗宋词,减少专门背诵的压力。

(3)在原任班主任的指导下,搞好主题班会

主题班会是以某一中心内容为主题,形式生动活泼的班会。因为主题的选择是有针对性的,不同于每周的班级工作小结,教育的效果相对显著,并且这是实习生力所能及的事,也不干扰正常的教学活动。所以,实习期间,实习生应该看重主题班会的组织。

实习生可以根据自己的专业特色或者紧扣社会的热门话题,开展一些主题班会。比如开展以"如果 2012 真的到来——珍惜当下的生活"、"做人与做专家之间——做合格的人更重要"、"行走在网络间——不迷失在虚拟世界"等为题的主题班会。值得强调的是,主题班会一定要能引发学生的思考,而且形式一定要生动活泼,千万不能搞成由实习生唱主角的报告会,要充分调动学生的积极性,必须让每个学生亲自准备,亲自参与,让他们感受到这是他们自己的活动、展示自己的时刻。主题班会结束以后要及时总结,可以请学生自愿写感想写收获,巩固主题班会所产生的教育效果。

(4)重视家访,和家长进行有效的沟通

家访是一种传统而有效的工作方式,是增进班主任和家长、学生之间了解的重要手段,也是拉近彼此关系,建立信任的重要纽带。实习生在家访时要做到"三要"和"三不要"。

"三要":要目的明确,家访是为了让家长了解学生在学校的学习和生活情况,同时也是教师了解学生的家庭情况以及在家的学习状况的良好时机,所以在家访之前要作好谈什么、怎么谈的心理准备;要把握好时机,如在学生生病时教师去家访就比在学生犯错

101

时去家访效果要好；要带着赞美去家访，在家长面前把学生的闪光点放大，把缺陷放小，这比带着批评和苛责去家访要受学生欢迎。

"三不要"：不要接受家长的礼物，不在学生家中用餐；不要当面"告状"，不能把家访当做告学生状的机会，也不能当着学生的面数落家长；不要背后议论，在和学生家长交谈中，难免会出现家长议论其他教师的情况，这时不要附和，而要巧妙地转移话题。

在家访中要尊重、信任学生家长，以心换心地交谈。通过家访，促进和家长的有效沟通，这不仅对实习班主任开展工作有利，而且对学生的家庭生活、学习生活大有裨益。

4.班主任工作实习的方法和策略

班主任工作实习不仅要求实习生要有热情、有爱心、有耐心，而且还要有一定的方法和策略。

（1）了解班集体和学生的基本情况

了解学生是开展班主任工作实习的基础，实习生到了实习班级，最要下工夫做的就是了解班级和学生。

①了解班级整体情况。主要包括：班集体的基本情况：学生总体人数，男女生人数比例；学生年龄结构；班级组织和领导核心状况；班级的团员人数。全班学习情况：本班学生的学习目的、学习态度、学习风气；各科总评成绩和各学科的平均成绩；学生智力和能力发展水平；学习优秀者、中等生和学困生的比例等。全班学生的健康状况：身体健康的、体弱多病的、有残疾的学生人数以及比例；学生体育锻炼情况。学生的心理健康状况，如学生中紧张、焦虑、消沉、敌对等心理表现。全班学生的家庭情况。学生家长的联系方式、家长的职业、文化程度、家庭结构等，尤其要注意特殊家庭学生的状况（父母离异、父母缺一等）。

②了解学生个人的情况。主要包括：学生成长经历，不仅要了解学生的现实情况，也要了解学生的成长经历及对学生成长产生重要影响的人和事件；学生的个性以及学生在集体中和同学们相处的情况，并了解学生的朋友圈；学习方面，学习方法、学习习惯、学习兴趣以及喜欢的学科、老师，各科成绩和原有基础、缺陷和薄弱环节，学习效率等；学生的爱好和特长，喜欢参加的活动、喜欢的书刊、喜爱的运动，有什么特长，如跳舞、书法、弹琴等。

（2）掌握了解学生的主要方法

①观察法。观察法是指班主任在教育实践活动和学生日常生

活中,通过对学生的言行表现进行客观全面的观察、分析来解读学生的一种方法。①它是班主任了解学生最基本的方法,也是最常用的方法。

运用观察法的策略。第一,观察前要有明确的计划,确定好观察的对象、目的、时间等。第二,观察时要保持中立,不要带有任何偏见或成见,不先入为主,不把自己的主观推测和事实相混淆,要如实记录,不遗漏,不挑选,并要准确地分析观察所得来的材料。第三,观察要全面,应该通过各种渠道去进行观察,可以通过教学过程进行观察,可以在班级的各种活动中观察,也可以在日常生活中对学生进行观察。

在观察过程中,当被观察的学生意识到自己在接受观察的时候,就可能改变常态,从而得不到真实的信息。班主任也要巧妙地运用一些方法让学生保持常态,以便获得客观、有效的信息。

②谈话法。谈话法是指班主任在与学生的交谈中,通过学生的回答、表情、语气等反应获得学生信息、交流思想的方法。②主要有商讨式谈话、点拨式谈话、触动式谈话、谈心式谈话、突击式谈话、渐进式谈话等几种形式。

运用谈话法的策略。第一,准备要充分。谈话前,班主任要认真考虑谈话目的、中心内容、谈话的方式、谈话的时间和场合。第二,态度要诚恳。让学生感觉到教师谈话的诚意,在友善、亲切的氛围中,谈话才能进行。教训人、审讯人的态度,讽刺、挖苦的语言,会让学生产生抵触对立情绪。第三,谈话方式因人而异。要根据学生的个性和性别,采取不同的方式。对较傲慢的学生,要心平气和,更要不卑不亢;对胆怯的学生,要亲切引导,要循序渐进;对性格开朗、行为率直的学生可以开门见山地谈。方式方法的采用可以根据具体的情况灵活变通。第四,善于运用非言语交流。一是适当的谈话距离,心理学家研究发现两个人之间轻松谈话的最佳距离为1.8米,所以班主任可以把与学生之间的距离控制在1.8米左右,便于观察学生的表情。二是恰当的面部表情,班主任的面部表情要表露对学生的关切、鼓励与期望。三是身体姿势与方向,与学生谈话时教师的姿势要庄重自然,还要和学生面对面,目光要始终落在学生身上,认真倾听学生的谈话,表现出对学生谈话的兴

---

① 陈瑞瑞主编:《德育与班主任》,高等教育出版社2004年版,第164页。

② 陈瑞瑞主编:《德育与班主任》,高等教育出版社2004年版,第164页。

趣和注意，不随意插话或者打断学生的谈话，更不能在学生谈话时做其他事情，或左顾右盼、漫不经心。

③分析书面材料法。分析书面材料法指通过阅读、分析、比较和综合与学生有关的各种书面材料，从中了解学生情况的一种方法。[①]这种方法是实习班主任了解学生最简易的方法，也是了解学生过去表现和现在情况的重要材料来源。

运用分析书面材料法的策略。第一，用发展的眼光看待材料。这些书面材料记录的是学生过去的情况，只能说明过去，不能把它作为了解、研究学生的唯一依据。更不能受材料的影响，以先入为主的观点看待学生，尤其是对那些犯过错误、学习较落后的学生，要看他们的现实情况，更要期待他们的进步。第二，注意分析材料的真实性、可信度。材料记录的是学生的某些方面，不尽全面，有待充实。学生是鲜活的、富有生气的，一般的书面材料所记录的常常有局限性，有的内容还需要核实，教师也不可轻信，不可轻率地给学生下结论。第三，和其他方法结合应用。学生是变化的、成长的，材料是死的，所以要真正地了解学生，教师就不能拘泥于一种方法，要采用多种方式和途径来了解学生。

了解学生的方法和途径是多种多样的，有一位老教师说："我要用自己的眼睛去看，用自己的心灵去感受。"对！眼睛和心灵，才是了解学生的法宝。

（3）精彩的亮相和持续的魅力

实习生到了实习班级，第一次在学生面前亮相，要有"让学生眼前一亮"的感觉，利用"第一印象"效应作好自我介绍是十分重要的。第一印象的好坏直接影响到学生对实习班主任的喜爱、信任、尊敬程度，继而影响到以后班级工作的开展。

精彩的亮相，要靠得体的穿戴、真诚的笑容、个性的谈吐来实现。一个能让学生信服的老师，仅仅靠良好的第一印象是不够的，能迅速地融入班级生活，能够胜任自己担任的工作，有宽容宽阔的胸襟雅量都是保持教师魅力的重要条件。"在素质教育大背景下，在培养完人的大目标下，对班主任人格品质有一个综合性的期望：胸襟开阔、大方谦和、理性公正、真诚信任、善于沟通、乐观自信

---

① 陈瑞瑞主编：《德育与班主任》，高等教育出版社2004年版，第168页。

等。"①实习班主任要努力做到真诚、自信、谦和、宽容,让自己的魅力长久保留。

当然,作为一名实习教师,自己所教的学科知识的厚实、知识面的广博也是让自己魅力持久的法宝。如果给学生讲《逍遥游》可以扩展开来,讲一点"庄周梦蝶"等一些关于庄子的其他故事,给学生讲《烛之武退秦师》如果能讲讲城濮之战的相关细节,不仅能帮助学生更好地理解课文,提高学习兴趣,更能提高自己的威信。

(4)时刻反思,寻找班主任成长的路径

要想在班主任工作实习期间获得成长,反思必不可少。也要在实习过程中保持机敏,寻找并学习一切可以让自己成长的机会。

①实践反思。教育反思是班主任成长的一条经常性的、必需的、有效的途径。要把教育知识、教育理念转变为自己的教育思想、教育行动,必须经过实践,在实践中体验、领悟,这是读书所不能替代的。实践反思包括对自身教学实践的反思和对他人的教育实践的反思。

对自身的教育实践反思,就是在自己的实践中思考和学习。这是教师成长最一般也是最可靠的学习方式。教育的精神实质,不是靠读书、靠别人的讲授就能真正领悟的,而需要亲自去做、去实践,并加上自己的理解、思考,只有这样才能形成自己的教育智慧。每一位实习班主任在反思自身实践的同时,也可以通过观察他人的实践来学习。比如,可以学习自己身边的老师的教育实践,听他们的课,和他们交流班级教育问题等,也可以学习其他实习班主任的教育实践,看他们做得独到、优秀的地方,当然也包括一些失败的、有缺憾的地方。

②学习优秀教师。每个实习生的头脑里,最好储存几个优秀班主任的形象,比如魏书生、李镇西、斯霞等,作为自己学习的榜样和楷模,也作为鼓舞自己、鞭策自己的精神动力。学习优秀的教师,不仅仅是学习他们具体的经验和方法,更重要的是学习他们的教育理念和教育精神。如果仅仅是模仿他们的具体做法,而不领悟其中的思想精髓,那么对他们的学习也是没有意义的。优秀不能复制,名师不可拷贝,学习他们的精神和理念,找到自己个性化的教育方式和方法才是最重要的。

---

① 王鉴、王光晨:《班主任心理辅导模式的角色理论探析》,载《班主任》2001 年第 9 期。

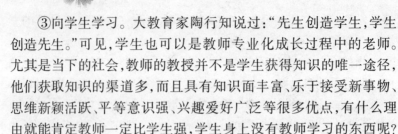

③向学生学习。大教育家陶行知说过："先生创造学生,学生创造先生。"可见,学生也可以是教师专业化成长过程中的老师。尤其是当下的社会,教师的教授并不是学生获得知识的唯一途径,他们获取知识的渠道多,而且具有知识面丰富、乐于接受新事物、思维新颖活跃、平等意识强、兴趣爱好广泛等很多优点,有什么理由就能肯定教师一定比学生强,学生身上没有教师学习的东西呢?孙云晓研究员在《向孩子学习》一书中说道:"向孩子学习是成年人真正成熟和睿智的标志。"所以,在实习过程中,应虚心向学生学习,从学生身上汲取营养,让自己成长。

(5)发挥语文教师当班主任的优势,开展灵动的班级活动

①语文教师担任班主任的优势。首先,语文教师有更深的人文修养和人文情怀。由于语文学科的人文性和文学性对语文教师的熏陶,语文教师的个性中带有更多的人文情怀,更注重对学生的表达能力、交流能力、心理健康、文化修养、人格塑造等方面的培养。在情感、价值观发生异化甚至蜕变的当下,语文教师能够较多地观照学生心灵和情感的体验,帮助学生寻找情感的充实和丰盈,使其心智更加健全,人格更加完整,意志更加坚强。中学教学中语文课的课时较多,语文教师和学生的接触、交流的时间较多,使得这种观照成为可能。

其次,语文教师有更多的机会培养学生的审美情趣。汉字本身就是艺术的,它的音、形、义都具有独特的审美内涵,也浸透着民族的性情。由汉字组成的词、写成的诗歌,充满了意境美、意象美、押韵美、对仗美。并且语文教材中选择的篇目都是作者在创作时对自然和生活经过独具匠心的加工,创造出的艺术美、自然美、生活美。语文教师带领学生体验美、鉴赏美,从而培养学生高尚的审美情趣和一定的审美能力。

②开展灵动的班级活动。实习班主任在开展班级活动的时候,可以充分利用语文教师担任班主任工作的独特优势,开展灵动的、有特色的班级活动。

可以开展趣味化和生活化的语文课外活动。实习班主任可以带领学生开展班级的诗歌朗诵比赛、主题演讲比赛、名言警句摘抄、续写或改写课文、编排话剧等活动。如学习毕淑敏的《提醒幸福》以后,开展"发现身边的幸福"为主题的讨论,指导学生发现生活中的幸福,感受幸福,感恩幸福。

可以陪学生读书。给学生推荐一些文化品位高、难度适宜、有

独特视角的读物,让学生在紧张的学习之余,轻松、自由地阅读。比如房龙的《宽容》、茨威格的《人类的群星闪耀时》、黄仁宇的《万历十五年》、十年砍柴的《闲话水浒》、张宏杰的《大明王朝的七张面孔》、张承志的《北方的河》等等。阅读之后,让学生把原始的阅读体验表达出来,通过和同学间的交流,不仅加深理解,而且提高学生的自信和继续阅读的兴趣,学生的语文素养、人文情怀、文化品位、内心世界也会在无压力的阅读中得到滋养。

可以带领学生关注社会、关注生活。网络是现代人生活不可缺少的元素,现在的中学生对于外界信息的获取主要靠网络。实习班主任可以有针对性地引导学生在网上搜索一些事件,比如众多的拆迁事件、药家鑫事件、日本地震之后中国出现的抢盐事件、江西新余刘萍独立参选事件等等,然后请学生发表自己的看法和观点。通过对这些社会热点事件的讨论,培养学生的信息筛选能力和信息处理能力,以及自主的判断能力。关注社会的冰点或者热点不仅仅是政治课的内容,语文教师更应该抓住这样的机会,对学生进行生命教育,引导学生认识自然、认识社会、认识自我,以实现语文课程促进人的全面发展的价值追求。

三、学会做学生工作

学会和学生相处,学会做学生工作,是班主任工作实习的重要内容。同时也要了解实习学校的管理层级结构、运行机制以及常规工作的条例、规则,从而能够在实习学校顺利顺心地实习。

1. 了解学生的心理特征

了解学生的心理特征是了解学生的基础。中学期间是学生心理发展和成熟的最重要时期,这一时期是中学生心理发展的过渡时期也是动荡时期,他们对事物的认识,他们的情感和意志都会出现一种起伏动荡的状态。他们思维活跃、对新事物敏感、求知欲望强,也容易形成偏激的感情,容易出现冲动的行为。正是这样的特点,也让他们具有极大的可塑性和发展性。

有的中学老师根据与学生的交流,认为当前中学生心理发展

状况可以从以下几个方面来描述:

学习方面:中学生的学习压力感大,学习挫败感强;学习目标不明,对学习感到前途渺茫。

人际交往方面:中学生最乐意与同龄人在一起,不再满足于老师与父母的教导;同伴是他们的依赖、他们的慰藉和他们的自豪。

异性情感方面:青春期情感真挚而丰富,对异性易产生模糊不清的好感;青春期情感单纯,以为爱就是一切;青春期的可塑性强,异性的任何变化都可能给爱慕的情感带来影响。

家庭关系方面:开始独立思考,对父母的管教可能产生逆反心理和对抗行为;渴望与父母沟通,但不知道如何沟通;父母关系的好坏直接影响孩子的情绪、学习甚至人格。①

根据中学生的这些心理发展特点,实习班主任应该做些什么呢?

(1)引导学生快乐学习

针对当前中学生学习心理压力过大,学习信心不足,目标不明确,考试焦虑等状况,实习班主任要帮助学生在知识获得、思维拓展、自由想象中体验世界和知识的奥妙,提高学习兴趣,体会学习的快乐。实习班主任参加过高考,体味过考试的紧张和对成绩的担忧,和学生能够感同身受,给予学生一些帮助和指导是比较容易让学生信服的。实习班主任还要引导学生学会自我欣赏,欣赏自己的独特,欣赏自己的勤奋,欣赏自己的激情快乐、乐观进取。做到这些,学生在学习方面的挫败感会降低很多,自信就会慢慢地培养起来。

(2)引导学生珍重友情

中学生的人际关系相对单纯、真诚、明亮,他们相互依赖,相互信任,朋友是他们在学习道路上最重要的陪伴。班主任要理解他们与同龄人之间的交往,允许他们享受友谊的快乐,当然,也包括允许他们与异性的交往。中学生对异性的好感和爱慕是真挚的、纯洁的,不要轻易给他们扣上"早恋"的帽子,应引导他们珍惜这些最纯真的感情,引导他们与异性之间正常、健康地交往。

(3)引导学生珍爱亲情

中学生开始有自己独立的思考、独立的判断,对父母的管教容

---

① 商亮、安鹏宇:《心理小说接龙——一种优化学生心理生活的新模式》,载《中小学心理健康教育》2007年第9期。

易产生逆反心理,甚至是激烈的对抗行为;他们渴望父母理解他们,体谅他们,但又不知道如何和父母沟通,时常也会产生父母不爱他们、不了解他们的怨言。班主任要巧妙地抓住时机告诉他们父母的关爱与期望厚重如山,也要引导他们感念父母,疼惜父母,享受亲情。

(4)引导学生珍惜青春

中学生特别关注自己的身体变化,班主任要适时、准确地给予他们一些青春期的生理和心理教育,让他们少一点困惑和迷茫,让他们懂得青春的意味。同时也要让他们懂得珍惜青春美好的光阴,好好学习,好好锻炼,为自己以后的发展积蓄能量。

中学生还容易沉迷网络,容易产生偶像崇拜,这些都需要成人的正确引导。实习班主任应该充分发挥自己的优势,给予他们提醒和帮助。

2.争做学生的“重要他人”

“重要他人”是美国的社会学者提出的一个概念,顾明远先生解释为:“对个体的自我发展(尤其是在儿童时期)有重要影响的个人和群体,即对个人的智力、语言及思维方式的发展和对个人的行为习惯、生活方式及价值观的形成有重要影响的父母、教师、受崇拜的人物及同辈群体。”[1]班主任和学生朝夕相处,是学生主要的依靠对象,容易成为学生的互动性重要他人。实习班主任要努力成为学生心目中的重要他人,得到学生的认同和信任,以使自己的班主任实习工作取得事半功倍的效果。

实习班主任要想成为学生的重要他人,一般意义上讲,需要高尚的人格、渊博的学识、出色的能力等。实习班主任阅历浅,学识学问还需要提高,能力还有待磨炼,可以从以下几个方面努力去做,争取成为学生的重要他人。

(1)尊重与接纳学生

尊重学生,即要尊重学生的人格、自尊心、兴趣、生活方式、梦想等。尊重学生一定是和热爱学生、接纳学生联系在一起的,只有热爱学生、接纳学生,才能发自内心地尊重他、呵护他。教师只有接纳自己,接纳自己的缺点、脆弱和心中阴暗的一面,才会真正地、

---

① 转引自黄正平:《班主任专业化论纲》,南京大学出版社2009年版,第29页。

无条件地接纳学生。因此,实习班主任一定要像尊重自己一样尊重学生,像保护自己的自尊心一样去保护学生的自尊心,像认同、接纳自己一样欣赏、接纳学生,像接纳自己的不完美一样接纳学生的不完美。当然,尊重是平等前提下的尊重,接纳也是平等前提下的接纳,二者都应是发自内心的。对学生的尊重和接纳并不等于赞同学生的不良行为,也不等于教师不可以有自己的价值观,这一点需要实习班主任准确把握。

(2)真诚地对待学生

真诚就意味着真实、可靠,不戴假面具,表里如一。当学生碰到真诚的老师时,他就会感觉到安全,愿意信任。如何向学生表达自己的真诚呢?一句话,表达真诚就是把原本真实的自己表现出来,不虚伪,不虚情假意。

有一位老师曾经给一个因替考而受处分的学生写了这样一封诚恳而发自内心的信:

丁××:

这两天你好吗?看见我不用躲着我的,我不会因为你的一点点错误就戴着有色眼镜看你。年纪轻轻的我们要是不犯一点点错误,似乎这青春也缺少一点别样的色彩吧。

你知道吗?我大学的时候也受到过学院的处分。我们有一个教授说要资助几个青海的孩子,我和同学写了假条,在没有得到同意的情况下就去了青海,结果受到全院通报批评,奖学金、优秀班干部、优秀团员全部取消了。所以啊,我们都是犯过错误的年轻人,但是你得向我学习,走过那段阴霾,接受教训,然后积极乐观。

你是一个仗义的男孩子,但是你在帮助同学的时候是不是过于盲目了呢?帮助同学是要有原则的,你去替他考试,这个忙在帮之前就注定你是错的!

以后对同学仍然要仗义,在同学有困难的时候仍然要全力以赴,但是一定要选择适当的方式,你觉得呢?

×××
2008 年 3 月 24 日

(3)懂得宽容学生

处于青春期的中学生容易冲动,小错误不断,也常常惹很多麻烦,甚至会为了表达和证明自己和教师对抗,产生冲突。这时候就需要教师有一颗宽容的心,因为任何人在成长的过程中都会犯错。如果教师抓住学生的错误不放,非要写检查、给处分,这就失去了教师的风度。

万玮老师曾用很温和的话语处理班级矛盾,却遭到学生冲撞,引起矛盾的学生不仅当着万老师的面将桌上的书狠狠地扔在地上,还抱怨着跑出教室。万玮老师请班干部把他找回来,等该学生回到班级以后,他没有责怪,反而表扬他能够及时控制自己的情绪回来上课,并让全班同学鼓掌欢迎他回来,告诉他全班同学没有埋怨他。这样的胸襟和宽容,怎么会得不到学生的尊敬?苏霍姆林斯基说:"有时宽容引起的道德震动比惩罚更强烈。"①

(4)给予精神关怀

班主任要全方位地关照学生,其中最重要的是要给他们精神关怀。"作为'精神关怀者'的班主任,对待学生要从对待物的方式转到对待人的方式。学生不是盛知识的容器,也不是盛美德的口袋,学生是精神主体、情感主体,对待学生要以对待有思想、有感情的人的方式,给予真切的关心。"②班主任不仅要关心他们的学习和生活,更要关心他们的内心世界,关心他们的精神需求。

班主任对学生进行精神关怀,不是只向学生灌输一些思想道德修养的知识,或者是强加一些社会道德规范,而是要关心他们的情感情绪,关心学生当前的精神生活和精神生活质量,关心学生未来的发展,关心他们的升学、择业、人生规划,关心他们选择走怎么样的生活道路、什么样的发展方向以及怎么样把自己的潜能发挥出来。

"教育不仅仅是给人以生活的技能,更多的是启发人以生活的精神,积极生活的热情。"③同样的,教师也不仅仅是教给学生知识和技能,而要激发学生的发展欲望,唤醒学生的主体意识。只有给学生精神上的关照,班主任的关心才会告别"保姆式"的关心,才会给学生留下教育的印记。实习班主任只有在学生的精神世界中留下痕迹,才不会成为学生生命里的过客。

(5)要幽默,有激情

苏霍姆林斯基曾经告诫说:"如果教师缺乏幽默感,就会筑起一道师生互不理解的高墙。"的确,如果生活中没有幽默,就像人的面部表情里缺乏笑脸一样,让人感觉刻板,缺乏生动的味道。恰当

---

① [苏]B. A. 苏霍姆林斯基:《给教师的建议》,杜殿坤编译,教育科学出版社1984年版。

② 黄正平:《班主任专业化论纲》,南京大学出版社2009年版,第24页。

③ 刘铁芳:《走向生活的教育哲学》,湖南师范大学出版社2005年版,第30页。

的幽默不仅可以化解意外的尴尬,而且也是解决工作中一些难题的钥匙,是教师赢得学生的喜爱和敬佩不可缺少的品质。

有位学者说过,伟大的教师一定是有激情的教师。缺乏激情,教师对学生的爱是燃烧不起来的,也不会持久,班主任工作中缺乏激情,工作就失去了创新和生机,没有了灵性,对学生也会疏离、冷漠。班主任对教育、对学生充满激情不仅会保持青春活力,也能够克服职业倦怠。实习班主任正处于青春飞扬、活力四射的年纪,应该带领学生抛弃未老先衰、老态龙钟的形象,走出枯燥乏味的生活状态,活出少年的滋味。

3. 学会和学生相处的技巧

（1）多关注学生个体

人人都希望被人关注,实习班主任要学会关注学生个体,通过关注和朋友般的交流沟通,了解他们的喜好及特长,甚至细微地观察个体学生的每一次小小的进步,并适时地给予赞赏和关爱,久而久之就会赢得学生的信任。

有一位名叫刘建纯的老师,常常用小纸条来表达对学生的关注,她给学生写道:"老师很喜欢你","老师为你的不成熟忧心","老师希望你健康成长、身体健康、心理健康、人格健康","老师时时关注你的一切"。就是这样的小纸条,这样的关注,让学生把老师视为可以说真心话的朋友,实习班主任也可效仿。

（2）在学生无助的时候多关心

学生生病了,不能来上课,实习班主任就可去宿舍探望或打电话到学生家里,表达自己的关心;学生考试失利,心中失落,实习班主任就可以帮助其分析试卷,甚至补课;学生之间闹矛盾,心中苦闷,实习班主任可以巧妙地化解矛盾;学生不会理财,一周的生活费都给朋友过生日了,实习班主任也可以酌情给予帮助。这些帮助对学生来说都是雪中送炭,只要他们发现老师是真心对他们好,他们也会领情并回应的。

于漪老师说:"在每个孩子心中最隐秘的一角,都有一根独特的琴弦,拨动它就会发出独特的音响,要使孩子的心同我讲的话产生共鸣,我自身就需要同孩子的心弦对准音调。"[1]在学生个体无助

---

① 教育部师范教育司组编:《于漪与教育教学求索》,北京师范大学出版社2006年版,第38页。

的时候,心中最隐秘的一角就暴露出来了,老师奏响自己的琴弦就比较容易和学生对准音调。在学生无助的时候给予学生帮助,也要让学生明白老师的关爱是真诚的、高尚的,绝不是无原则的、泛滥的。只有让学生意识到这一点,老师的关爱和帮助才是有意义、有价值的。

(3)要善于给学生留面子

学生和常人一样看重面子,给学生留面子不仅会使他们受到尊重和激励,也会增加教师的威信。要不吝啬对学生的夸赞,要真诚;对学生的批评要注意技巧和场合,要在私下里或者采用巧妙的办法。例如,张万祥老师在接手一个新班级后作了一个问卷调查,问卷里有一个这样的问题:"你最崇拜的是哪一位?"结果有学生竟然崇拜秦桧。张老师没有当面批评学生,经过准备召开了一个班会,他给学生讲了一则历史逸事。一次,秦桧的一个后人与朋友同游西湖,游到岳飞庙,看到跪着的秦桧夫妇塑像被万人唾骂的情景,不禁吟出两句诗:"人自宋后少名桧,我到坟前愧姓秦。"张老师随后对学生逗趣着说:"人家秦桧的后人都为自己的先人感到无地自容,我们和秦桧不沾亲带故,为什么要继承他的衣钵,甘心代他挨骂呢?"①

4. 实习中应该注意的问题

(1)和学生亲密相处,也要保持一定的距离

实习班主任要以朋友之心、师长之爱和学生相处,但也要把握好"度",就是要保持恰当、合理的距离。如果和学生过分亲密,成为他们的"哥哥姐姐",就会有失教师的形象和风度,在该严肃的时候却严肃不起来,这对实习生树立在学生中的威信是不利的,甚至会影响到正常的实习。

(2)了解实习学校的管理规定

实习生到了实习学校,不仅仅是要了解学生,了解班级,也要了解学校的管理规定、规章制度,了解实习学校的管理层级结构、运行机制等,这也是展开实习工作,顺利完成实习所必需的。有的实习生为了给学生放松心情、寻找一些写作的灵感,就带领学生去春游、秋游、参观博物馆等,结果发现学校规定教师不能私自组织学生外出;有的实习班主任为了丰富学生的课外生活,在晚自习的

---

① 张万祥:《做一个讲求工作艺术的班主任》,载《班主任》2009 年第 9 期。

时候给学生播放电影,事后被告知学校不允许在自习时间观看电影。出现这样的状况就会给实习生活带来不必要的麻烦。所以,了解实习学校的规章制度也是实习中很重要的一个方面。

到了实习学校,应尽快认识和熟悉指导教师、年级组长、教务主任、校长,以便于在实习中请教和交流。实习工作得到实习学校教师和领导的认可与得到学生的肯定是一样重要的。总之,在实习学校要高瞻远瞩,胸有成竹,也要小心谨慎,如履薄冰。

哈佛大学的一位校长说:"学生们一代接一代,如同海水一浪接一浪冲击着陆地,有时静静的,有时则是带着暴风雨的怒吼,不论我们认为历史是单调的还是狂暴的,有两件事情总是新的,就是青春和对知识的追求。"青春永远是新的,对知识的追求永远是新的,年轻的实习班主任们,去追寻优秀,去追求杰出,去寻找心心相印的真教育吧!

四、了解学校管理

实习过程中,实习生难免要和学校领导、教师、其他行政人员等打交道,有的实习生还可能兼做学校职能部门的部分管理工作,因此,了解学校管理的层级结构和运行机制就是题中应有之义。

1. 学校管理的层级结构

中学的管理机制一般分为三级管理,其结构形式呈金字塔形。处于金字塔顶端的是一级管理机构中的成员,分别是教职工代表大会、校长、党支部、副校长和工会主席等。这些成员构成学校管理组织机构中的决策系统。二级管理机构包括教务处、总务处、政教处和团总支等。三级管理机构包括教研组、年级组、财务室、学生会、团支部、少先队和广播室等。二、三级管理机构的成员共同构成学校管理机构中的执行系统。

2. 学校管理的运行机制

(1)实习生应该清楚各管理机构之间的关系

我国的中小学实行校长负责制,校长是学校的法人代表,是学校的最高行政负责人。副校长分管学校事务。各执行部门落实执行学校领导班子的决策。

①书记和校长的关系。书记和校长分别是学校的党、政一把手,职务级别不分高低,只是职责和分工不同。书记负责党务方面的工作,是政治核心;校长负责行政方面的工作,是行政领导中心。

②校长和副校长的关系。校长是学校的行政之首,副校长是校长的助手,分工明确,副校长协助校长分管学校的教学、德育和后勤等方面的工作。在校长负责制下,副校长参与校长对校务的决策,与校长共属学校的领导核心层。

③副校长和各职能部门的关系。副校长是连接校长和各职能部门的桥梁,组织执行部门实施校长的决策。当各职能部门出现问题时,如果是日常事务,分管副校长可以直接处理,如果是重大问题,要及时向校长反映。

(2)实习生应该清楚各执行部门的职责

①政教处的职责。政教处在校长的领导下,全面负责和组织管理学生的思想政治教育工作、道德行为规范教育工作和身心健康教育工作。其主要职责如下:第一,根据《中学德育大纲》和学期工作要求,制订对学生的思想政治教育工作计划。第二,负责检查和评比学生的日常行为规范。第三,负责奖惩工作。评选"文明班级"、"三好学生"和"优秀学生干部",对违纪的学生进行批评教育。第四,组织并安排好每周的升国旗仪式和重大节日、纪念日的系列活动。第五,指导各班班主任做好学生的课间操和课外体育锻炼活动的工作,并组织检查。第六,向校长汇报学生情况和班主任的工作情况,共同商讨学生中出现的政治思想问题以及加强班主任队伍建设的具体措施。

②教务处的职责。第一,根据学期工作要求,制订出全校的教学工作计划。第二,指导各教研组工作。协助各教研组制订具体的教研计划,布置各阶段的教学工作。第三,检查各阶段教学质量,并组织教师开展教学研究和经验交流活动。第四,组织教师进修。帮助教师更新教育理念,提高教学技能。第五,及时掌握教学情况。了解教学进度和教学效果,帮助教师分析教学中出现的问题。第六,认真组织好各类考试,督促教师阅卷,指导教师进行考试结果分析。第七,认真做好招生工作,负责学籍档案的建立和健全。负责学生的分班、成绩考核、退学、休学、转学、毕业等工作。第八,征订各年级各学科的教材和辅助材料,做好各科试题、总结

等的归档工作,保管各科的教学材料。

③教研组的工作职责。教研组是在学校的统一管理下,各学科教师进行集体教学研究的基本组织,也是对教师进行日常管理与考核的基本组织。其工作职责主要是根据教学大纲制订本学期的教学工作计划,了解本教研组的教学工作状况等。

④团总支的工作职责。团总支主要是按照团组织的制度规定,在团委的指导下做好团总支的建设和换届工作,定期组织召开团支部例会,对上级指示进行传达,对团组织的有关活动和问题进行研究,布置工作任务,总结交流团组织的工作经验,做好发展新团员和团员证的管理工作,做好团费的收缴工作等。

⑤总务处的工作职责。总务处肩负着学校的各项后勤保障工作:搞好教学用品的购买、管理和供应;做好师生的生活福利以及食堂、宿舍和水电的管理工作;负责学校环境的基本建设;做好房屋和教具的使用、管理和维修等方面的工作。

专题五

教育调研

对实践的理性思考

　　教育调研是教育调查研究的简称,它包括调查和研究两个部分。调查是指运用问卷、访问等方式直接从教育工作中收集数据和资料,了解客观实际情况,详细地占有资料。它是一种感性认识活动。研究是指通过对客观事实资料的思维加工,从现象中探求出本质,从经验中推导出理论。它是一种理性认识活动。教育调研就是人们有意识有目的地通过对教育现象的了解和研究来认识教育活动的本质及其发展规律的一种自觉的实践活动。

　　教育调研是师范教育实习的重要组成部分。学会教育调研,掌握教育调研的方法,对实习生的教育实践具有重要意义。通过教育调研,师范教育汉语言文学专业的实习生能够认识到教育现象和教学规律;能够帮助师范教育汉语言文学专业的实习生探索出一套行之有效的教学工作方法;能够提高师范教育汉语言文学专业实习生的综合素质和调研能力。

　　实习生进行教育调研涉及的问题很多,这里主要从确定课题与设计方案、确定调查内容和范围、确定调查的类型和方法、实施调查应注意的问题以及调查报告的撰写五个方面来为实习生作指导。

一、确定课题与设计方案

1. 确定课题

　　确定课题,就是在教育调查之前把要调查研究的课题遵循一定的原则、采取一定的方法、通过一定的步骤加以确定。对于实习生来说,确定好课题,既是教育调研的必要步骤,也是决定教育调研质量高低的关键。课题,是指在确定的领域里要去说明或者要去解决的问题。课题的提出决定着调研进行的总体方向,也制约着整个调研的过程,课题不同,调查的内容、方法和规模也会不同,最终还关系着教育调研所具有的成果价值。所以,选择和确定明确的、合适的课题,有利于调研的成功。调查课题的选定包括三个步骤。

（1）提出课题

提出课题的前提是发现问题，只有发现了问题，才能在思考的基础上选择和确定课题，那么，怎样才能发现问题并进一步提出课题呢？

①选择人们注意的"焦点"或者"热点"问题。教育调查要满足教育实践的迫切需要，实习生应抓住人们最关心和急需解决的问题，通过观察、思考身边的"教育焦点"或者"教育热点"去提出课题。例如中学生网瘾问题是人们注意的焦点，实习生通过对学生上网成瘾问题的调查研究，探究出解决这一问题的路径和方法，就是十分有价值的选题。

②注意对某个问题比较反常的意见或者看法。如果按照常规性的意见或者看法去选题的话，实习生就很有可能提出别人已经研究过的课题。为了避免这种情况的出现，应该打破常规和旧俗，找到对同一个问题的与众不同的看法。这样的选题比较新颖，会给公众舆论带来与众不同的感觉。

③关注最新信息，选择比较前沿的课题。实习生应该具有前沿意识，认识到当前还属于较冷的话题，随着教育的发展，以后就可能会属于被大家议论的较热的话题。要明白在属于热门话题之前对其进行研究，就相当于走在了别人的前面。

④积极投身教育实践。实习生在实习中，要尽可能多地去争取各种教育内容实习的机会，因为问题存在于客观实际之中，实习生只有亲自参加实践，才能真正地对教育工作有所认识、有所体会，进而提出课题。

例如，师范教育实习生在某中学进行教育实习期间，若对该校某种教育模式有很深的感触，便可对这种模式的优缺点进行调查和深入研究。再如，在上课与学生的对话交流中，发现学生对教师所提到的名著不甚了解或一无所知，可提出"××班学生阅读名著情况调查报告"的课题。语文教师发现在与学生互动时，性格内向的学生发言较少，为了了解其不善交际的原因以及探究对其的教育办法，可提出"中学生口语交际的心理障碍的调查"的课题，等等。

（2）选择课题

选择课题是指选择教育调查活动所要研究的中心问题。它有多种表现方式，可以是单一性的，也可以是综合性的。实习生在选题时要注意选择准确、科学而实事求是的课题,避免"无效劳动",不仅要能够达到调查的目的,而且还要尽可能地缩短调查的时间,并且节约人力和物力。

课题被提出以后,也要经过一定的选择和提炼过程,一般来说,对课题的选择应该遵循以下三个原则。

①必要性原则。所谓必要性,即指所选的课题要符合教育实践的需要。凡是在教育实习中需要解决的,在实际教育工作中具有现实意义的,就是必要的。例如,实习班级里若有留守儿童,教师应该给予他们特殊的关怀,可作"留守儿童心理健康状况的调查"的选题;在语文考试前,有不少学生因为焦虑而影响正常发挥,教师在进行指导前首先需要对学生焦虑心理的形成原因予以调查,然后对症下药,可作"有关中学生语文考试焦虑成因的调查"的选题。

②可行性原则。所谓可行性,是指实习生对某项调查任务完成并且达到最佳期待目标的现实可能性。一项调查工作的完成,不光是要符合教育实践的需要,还应该具备实施该调查的现实条件。如果现实条件不具备的话,那么再符合教育工作的需要、再有研究价值也无法进行。而且,实习生在实习学校能够争取到的条件比在编教师要少,所以,选择课题时一定要考虑该调查的现实可行性。

一项调查课题的可行性应该从以下两个方面考虑:一是主观条件,即指实习生所具有的理论水平、相关知识结构、心理素质、身体素质,以及工作能力和有无相关经验等方面,甚至还要考虑实习生对所要调查地区的熟悉情况,如果要去某地进行一项教育现象的调查,需要实习生对当地较为熟悉,若不熟悉的话,就会影响调查工作的进程。二是客观条件,包括调查工作所需要的人力、物力、财力是否充足,在规定的期限内有没有把握完成调查任务等。比如要了解教师的工龄和教学水平的关系,就需要得到学校管理部门或者其所属教育局的支持。

只有符合主客观条件的调查课题,才是具有可行性的课题。但是若提出了一个很有价值的课题,而某些主客观条件不符合的话,也不要轻易地向困难低头,而应努力想办法去争取条件,去研究该课题,这是研究人员所应该具备的敬业精神。

例如课题"重庆市小学家长对于学校开展国学教育态度的调查与分析",本课题的选择者在重庆市工作,所以调查比较可行,如果调查者把调查范围扩大到"西南地区"的话,调查便不太可行,会给调查工作带来区域上的困难和障碍。

③创新性原则。所谓创新性,也就是选题要出新意,尽量选择别人没有研究过的,或者研究不够深入的,或者还有待进一步研究的有价值的问题。如果只是简单地重复别人研究过的东西,无疑是在浪费精力,对教育工作没有任何实用价值。课题具有新意一般包括以下两种情况:一是主题新,即指已经出现但还未引起大家注意的问题,比如代表教育某个发展方向的问题;二是角度新,即指对已经有人研究过的问题,实习生从新的角度进行研究。

调查研究者要做到创新,应注意从以下几个方面来努力:首先是要培养自己的创新意识;其次是增强自己的理论修养,将理论和实践相联系,以增强对新鲜事物产生敏感性的发现能力;再次是要掌握高新技术,加强对新的信息资料的阅读和积累,以便及时掌握学术动态。

总而言之,实习生在选择调查课题时,要综合考虑以上三个条件,要选择符合以上三个条件尤其是研究投入较少而研究成果价值较高的课题。

(3)确定课题

课题经过提出和选择以后,还需通过一定的程序最终确定下来。一般要经过三个步骤。

①对课题进行初步探究。实习生需要对课题的各个方面有明确的认识,对课题的研究价值进行检验,可采取以下三种方法来进行:

第一,查找文献的方法。通过查找文献,明白该问题的研究情况,使自己的研究建立在前人研究成果的基础之上。实习生可以对四种文献进行查阅。一是前人对同类课题进行调研的成果文献。作用是了解前人对该问题的研究方法、研究结论和在研究中未解决的问题,以及怎样才能解决这些问题。二是与本课题有关的政策文件或者论著。作用是可以为自己的研究寻找理论支撑和现实依据。三是课题所在研究领域的文献。四是与课题有关的邻近领域的文献。例如研究学生跟老师的关系问题,不仅要了解教育学的知识,还涉及心理学领域。

第二,咨询和访问的方法。因为文献只是对过去的研究成果的记载,具体的现在进行着、变化着的教育情况和事实还需要对有关人员进行咨询和了解。咨询的对象有很多,包括正在进行有关教育活动的人员、资深的具有前沿认识的专家学者、有关教育机构和部门等。咨询的方式也是多样的,可以亲自登门拜访,也可以用开座谈会的方式进行集中讨论。

第三,实地考察的方法。不管是进行文献查找,还是对有关人员进行咨询访问,都只是间接性地获得有关资料。要想获得更直接、更可信的资料,研究人员还需要对问题进行实地考察。实地考察的目的不仅是获得有关资料,还应是能通过这种直接的感受方法,得到研究上的启发,进而开拓思路,选择最恰当的研究方向。

在实际的操作过程中,一般将以上三种方法进行综合运用,对各方面进行综合考虑。

②对课题进行科学论证。对课题进行科学论证,主要是对两个方面进行论证。其一是对调研课题的必要性进行论证,即教育工作对该课题成果的期待程度,该课题进行调查研究的理论和实际意义等。其二是对该课题进行研究的可能性进行论证,即保证该调查能够成功进行的主观条件和客观条件。一个成功的课题不仅要满足研究的必要性,还应该具有对其进行调查研究的现实可行性。

③对课题进行确定。在课题提出之初,实习生对课题各个方面的认识还不够全面,甚至处于模糊的状态。通过以上两个步骤的进行,即对课题的初步探究和科学论证,实习生对课题的各个方面有了具体而清晰的认识。尤其是在对课题进行初步探究的过程中,通过查找文献、和有关的专家进行交流以及实地考察,实习生能够进一步了解调研任务,明确调查的内容,为确定课题与调查总体方案的设计打下基础,并且最终使课题得以确定。

2. 设计方案

凡事预则立。在教育调查的过程中,实习生很容易忽视对教育调查方案的设计。不少实习生对教育调查只有一个模糊的想法,甚至在不进行方案设计的情况下直接进行调查。这种做法会严重影响到教育调查的科学性及其顺利进行。所以,实习生应对教育调查方案的设计有清楚的了解,并遵循一定的原则对方案的内容进行设计和编制。

调查总体方案就是在对调查的各个环节进行全面而详细的考虑之后,制订出的总体调查计划和调查行动大纲,它对整个调查活动的各个环节起着总的指导作用。

（1）调查总体方案的内容

调查总体方案的内容涉及从确定课题、搜集和整理分析资料到撰写调查报告的各个方面。所以,调查总体方案的设计应该围绕着总的调查研究目的进行,并且保证各个阶段衔接的紧凑。一般来说,调查总体方案包括以下内容:

①阐明调查的课题和调查的目的。这部分需要阐明该调查课题要解释或者说明的教育现象和事实,或者对某一教育活动研究的深入程度,以及产生该教育现象的原因等。另外,还要说明进行这项调查的理论和现实意义是什么。如果是探讨因果关系的问题,还要说明研究假设是什么,以及理论构架是什么。

②说明调查的对象和调查的范围。主要说明调查的对象是个人、群体、组织还是部门。另外对调查的范围也要予以说明,即该调查的范围是某个班级,还是某个学校,或者是某个地区。调查的对象范围也要予以说明,是在该调查范围内进行普查,还是进行某种抽样或者个案调查。

③介绍调查研究的类型和调查的方法。主要说明调查研究的类型是综合性质的研究还是专题性质的研究,是横向的研究还是纵向的研究,是解释性的研究还是描述性的研究,采取的调查方式是文献调查、实地调查还是访问咨询调查,收集资料的方法是问卷调查法还是访谈法,分析资料是采取定量分析的方法还是定性分析的方法。

④说明调查的时间、场所和进度安排。主要说明调查从何时开始,到何时结束,调查在什么地方进行,是在班级或者某单位集中进行,还是在约定场所或者街头进行,以及对调查的每个步骤和环节的安排。

⑤陈述对研究经费和物质手段的计划和安排。调查研究经费主要是指调查研究过程中所需要的一切费用开支预算,以及对其作出的分配安排和规划。所谓物质手段,是指调查过程中需要用到的调查设备和有关工具,如计算机、照相机、录像机、录音机等。

⑥阐述对调查实习人员的选择、组织和培训。所选择的调查实习人员应该具有以下素质:第一,具有调查研究所需要的教育理论和有关的基础知识;第二,具有进行教育科学研究的能力;第三,具有认真负责、吃苦耐劳的精神,对教育工作具有强烈的责任心和使命感;第四,具有团队精神,能够团结其他实习生,善于和他人进行互助合作。

选择好调查实习生以后,还要根据本调查研究的需要和要求对其进行组织和培训,以让其熟练掌握本研究所需要的理论知识和调查技术。对调查实习生进行的培训应该包括以下四个方面:第一,对调查研究的课题进行全面而详尽的介绍,使他们明白调查的目的、价值意义、操作步骤以及在调查研究过程中采取的具体方法;第二,指导他们对有关文献资料的学习,让他们明白该课题目前的研究现状和有关研究背景;第三,对调查的对象作全面的介绍,包括研究对象的年龄、受教育情况、所在地区等;第四,对调查过程中使用的工具、设备和标准进行统一和说明,对实习生的言行规范进行规定,以使调查队伍成为有组织、有纪律的调查团队。

(2)编制调查方案的基本原则

为了编制出高效、实用的调查方案,实习生在编制方案的过程中应该遵循以下原则:

①实用性原则。总体调查方案的设计要切实符合整个调查工作的需要,符合现实的主观条件和客观条件。例如,如果被调查研究人员多为文化程度较低的家长,那么在研究目标和方法的制订上就不要出现太多的专业术语。

②时效性原则。要求调查方案对具体环节的实施要充分考虑到时间效果。应用性的调查研究往往具有很强的时间性,调查研究成果必须在需要的时间之前拿出来,以服务于实践。这些都需要实习生在编制调查方案时进行准确的预测。

③伸缩性原则。伸缩性原则是指实习生在进行调查研究方案的设计时,对于调查工作进行的环节步骤的安排应该留有一定的弹性和余地。在调查的过程中,很可能会遇到与事先设计有冲突的现实情况,这就要求实习生对研究方案设计要灵活。在需要的时候,要编制几套不同的方案,以应对现实条件。

二、确定调查的内容和范围

1.调查内容

初步进行教育调研的实习生应该明白,要做到高质量的调研,选择好合适的调查内容尤为重要。调查内容是对调查目的的具体分解,调查内容的确定直接关系着整个调查活动的结果质量。要选择出恰当合适的调查内容,应该从哪些方面来考虑呢?

(1)选择调查内容的角度

每个调查对象所含的属性和特征有很多,实习生不可能将每一个属性都列为调查内容予以调查,那么实习生应该如何选定调查内容呢? 可以从以下几个方面来考虑:

①从研究类型上来看。描述型的调查研究,主要是解决教育现象和教育事件"是什么"的问题,所以调查的内容要能反映其有关情况,也就是表述其状态和行为基本特征的资料。解释型的调查研究,需要解决的是教育现象"为什么"出现的问题,调查内容不仅要有描述其状态特征和行为特征的资料,还要有在此基础上的意向性的资料。

②从抽象层次上来看。如果调查旨在获得丰富而具体的描述性的经验资料,那么调查的内容就是具体的个体、教育现象或者教育事实;如果调查旨在获得理论性的结论,那么调查内容的确定还应有抽象意义上的范畴。

③从解释方式上来看。在很多情况下,教育调查的目的是解释某个教育事实。解释可分为共性解释与个性解释两种。共性解释是对某一教育规律或者教育模式的解释,它需要对大量的样本进行研究,找出其中共同的变量,对其中主要的因素进行调查分析。个性解释指对某一个教育事实所独有的个性进行研究,也就是对其进行包括思想态度、价值取向、文化程度和活动动机等各个方面在内的研究。

(2)调查内容的分类

教育调查的内容可以分为以下四个方面:①学校教育方面。包括实习学校的办学理念和培养目标,教学计划和课程的设置,办学特色和改革设想,以及教育设施等。②学生方面。包括实习学校学生学习语文的心理特点,学习语文的态度和方法,知识结构与智能水平,以及德、智、体诸方面的发展情况等。③语文教师方面。包括实习学校优秀语文教师教书育人的先进事迹、教育教学经验,语文教师应具备的素质,语文教研活动的开展等。④语文教育方面。包括语文的课时安排,语文课程标准及教科书,语文课外活动的开展,语文兴趣小组的建设等。

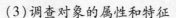

（3）调查对象的属性和特征

对调查对象的调查可以从其属性和特征方面入手,一般说来,可以把调查对象的属性和特征划为三大类,即状态特征、行为特征和意向性。

①状态特征。状态特征指调查对象本身所具有的可描述的客观属性和特征。若调查对象是个人,那么其状态特征包括年龄、性别、受教育程度、学习成绩、家庭背景等;若调查对象是群体、组织或者社区,那么其状态特征应包括规模、地点、人数、组成人员身份等;若调查对象是教育行动,那么其状态特征应包括时间、地点、参与人员、过程等。

②行为特征。行为特征指调查对象的外显属性或者特征,也就是调查者通过各种手段了解到的调查对象的各种社会行为和活动。比如,调查者选择了解一个学生上课总是迟到的行为活动,为了获得有关信息资料,可以采取和其直接交谈进行询问的方式,也可以采取询问其家长、同伴或者班主任老师等方式。

③意向性。意向性指调查对象内部所具有的属性或者特征。若调查对象是个人,那么意向性包括个体的情感、态度、价值观取向、个性特征、爱好、信仰和观念等方面;若调查对象是群体、组织或者社区,那么意向性则包括其内部成员之间的关系结构、集体的意识取向、内部的方针政策等方面;若调查对象是行为活动,也可以调查其内部动机取向,例如调查学校组织唱红歌的目的等。

2. 调查范围

从空间上来讲,教育调查的范围可以划分为地区性的、单位性的和班级性的。实习生可以根据课题的需要,以及可以争取到的条件来确定调查的范围。例如:如果某学校要进行校风校纪的整顿,那么只需要对这所学校进行有关方面的调查和研究;如果担任某班的班主任,需要对本班级的某方面进行深入的了解,那么将调查范围限定在本班级即可。

从时间跨度上来讲,教育调查可以是对某教育现象当前或某时的一次性的调研,也可以是对其进行的反复性、长期性的调查研究。例如:研究学校出现的某件突发性个案,那么对这件个案进行一次性的调查研究即可;如果班级内某个学生出现了心理问题,为了能够准确地掌握其产生心理问题的原因,那么需要对该学生进行反复的、长期的研究。

从调查对象上来讲,可以是某个群体,例如教师或者学生,可以是某个集体,例如某单位,也可以是某个人,例如某位老师、某位学生或者某位学校领导。

三、确定调查的类型和方法

1.调查的类型

按照不同的角度和不同的标准,教育调查可以分为不同的类型,每个调查类型都有不同的操作方法,实习生理解清楚不同的调查类型的含义、优缺点和操作方法,对获得可靠的信息资料,具有至关重要的作用。按照调查对象的范围,教育调查可分为个案调查、抽样调查、普遍调查和重点调查等类型。这里重点介绍个案调查和抽样调查。

（1）个案调查

个案调查也可以称为个别调查,即指为了了解某一教育现象、解决某一教育问题,对特定的个别调查对象所进行的调查。它的调查对象通常是一个组织、一个团体、一个人或者是一件事,通过对其进行详尽的调查和研究,达到对调查对象比较深刻而全面的认识。

个案调查有如下优点:①对调查对象的调查比较深入、细致和具体。②涉及面小,所以调查时间和活动安排的弹性比较大。③所需开支较少,有利于个人或者小团体对此类调查的开展。

个案调查也具有自身的不足之处:①个案的调查对象不能代表总体,所以调查研究的成果不能推论到有关的总体。②调查人员如果没有丰富的调研经验,很难从大量的资料中理出头绪。③为了搜集全面而深入的资料、探索案例的源头,需要耗费大量的时间。

（2）抽样调查

抽样调查是在教育研究中使用最广泛的调查方法。当实习生面对一个庞大的研究总体时,需要考虑从中抽取部分个体作为样本进行研究。实习生应该掌握科学的抽样方法,这样才能保证样本对总体的代表性。

抽样调查是指从研究总体中抽取部分个体作为样本来进行调查,并将对样本进行调查的结果推广到总体的调查研究方法。例如,实习生要对某校某年级的学生作一个关于提高阅读兴趣的调查,可以从该校某年级中选取 100 名学生进行调查,分析其调查结果,并将研究成果推广到对全年级学生的阅读教学中。

抽样调查可分为随机抽样和非随机抽样两种调查方法。

①随机抽样。在抽取样本的时候,总体中的每一个个体被抽取的概率都是均等的,这样被抽取的样本称为随机样本,随机样本由等概率地被随机抽取的个体组成。随机抽样具体可分为简单随机抽样、分层抽样和多段抽样等多种方法。

简单随机抽样,也可以称为纯随机抽样,即抽样时对个体不进行任何分组或者排列,以使调查总体中的任何个体都有同样的被抽取的机会。常见的操作方法是抽签法,即将总体中的每一个个体进行统一编号,放在一个盒子里,进行均匀的混合后由实习生从中任意抽取,直到选足规定的样本数量为止。例如,实习生要在 200 名学生中抽取 20 人作为研究样本,将 200 名学生的名字都写在纸条上放在瓶子里,摇晃均匀以后,从中任意抽取 20 个纸条,纸条上所记的 20 个学生就成为这次调查研究的样本。

分层抽样是指按照某种特征将调查总体分成不同的层次,然后根据一定的比例在各层抽取样本的一种抽样方法。例如,要对某县初中学生的诗歌背诵情况进行调查研究,根据了解到的信息,该县的初中大致可分为县重点初中、普通初中和薄弱初中三类学校,三类学校的在校学生人数分别是 200 人、600 人、200 人。研究者想从中取 100 人作为研究样本,所以在县重点初中中随机地抽取 $200 \times 10\% = 20$ 人,从普通初中中抽取 $600 \times 10\% = 60$ 人,从薄弱初中中抽取 $200 \times 10\% = 20$ 人。这样就用分层抽样的方式获得了总数为 100 人的研究样本。

多段抽样,也可以称为多级抽样。上述两种抽样方法可以称为单阶段抽样或者是单级抽样,它们比较适用于调查范围较小、调查对象较少的情况,当调查的范围比较广泛、调查对象比较分散的时候,往往把调查的过程分为两个或者是多个阶段来进行。

进行多段抽样的具体操作步骤是:第一,先将调查总体中的各单位按照某种标准分为若干个集体,作为抽样的第一级单位。然后将第一级的单位再按照某个标准分为若干个集体,作为抽样的第二级单位。以此类推,可以获得抽样的第三级单位和第四级单位等。第二,依据随机原则抽取样本。先在第一级单位里随机抽取若干单位作为第一级的单位样本,然后再在第二级的单位里随机抽取第二级的单位样本,以此类推,还可以抽取第三级、第四级的单位样本。当样本抽取工作进行到第二级单位样本时,称为两段随机抽样,当样本抽取工作进行到第三级或者第四级单位样本时,称为三段或者四段随机抽样。例如调查某市范围内儿童的家庭教育情况,采用三段随机抽样。第一,抽选出调查的县或者区。第二,在中选的县或者区中再抽选出基层单位。第三,在中选的基层单位中再抽选调查户,然后对它们进行调查研究。

②非随机抽样。非随机抽样,也可以称为立意抽样。它是实习生根据自己对总体的认识或者是根据主客观条件而对样本进行的主观选择,然后再根据对样本的研究来推断总体的抽样研究方法。常用的非随机抽样方法有任意抽样、定额抽样和滚雪球抽样。

任意抽样,也可以称为偶遇抽样。它是实习生在一定的环境、一定的时间里去调查所能接触到的或者遇见到的样本。如实习生往往在街头、校园或者公园等公共场所,随便选择某些行人或者游人作为抽样调查对象进行访问调查。它的优点是选取样本时比较方便,能节省时间和精力,缺点是偶然性太大,选取的样本缺乏代表性。

定额抽样,也可以称为配额抽样。这种抽样方法和分层抽样相似,也是按照调查对象的某种特征或者属性将总体中的个体分成若干层或者若干类,然后在各类或者各层中进行样本的抽取。两种方法不同的是,分层抽样中对各层样本的抽取是随机的,而定额抽样中对各层样本的抽取是非随机的,样本由实习生任意选取,受实习生主观条件的影响。

滚雪球抽样是指先从几个合适的样本开始调查,然后通过它们得到更多的样本,用这种方法一步步地扩大样本范围的抽样方法。例如,要调查家教人员的工作情况,实习生一开始因缺乏样本的信息而没有办法抽样,这时可以通过和学生、家长等能与家教人员接触到的人联系,找到几个家教人员进行调查,让受访人员提供自己所认识的其他家教人员的情况,然后再和他们取得联系,把他们纳入样本范围之内,去继续调查。

2. 调查的方法

实习生在选定调查类型并且确定调查样本以后,便要考虑采取什么样的调查方法对调查对象实施调查。这里所谈的调查方法,主要是指教育调查中收集资料的方法。每一种方法都具有自身的优点和缺点,在调查的过程中,要根据资料收集的需要采取多种方法,这样获得的信息资料才能够具体而全面。常用的资料收集方法有问卷调查法、访谈调查法、教育观察法和文献调查法。

(1)问卷调查法

问卷调查法是最常用的资料收集方法,它要求实习生根据研究目的,设计含有一系列问题的问卷,以此向被调查者了解情况,从而获得相关的信息资料。

首先,实习生对问卷的结构应有完整的了解。一般而言,一份完整的问卷应包括以下部分。

①题目。问卷的题目是对调查对象和调查内容的集中概括。题目不宜过长,应简单明了,以便答卷者能够快速了解所要调查的内容。对于较为敏感的话题,可以将题目表述得较为笼统些,对于较为敏感的词语,可用中性、较为概括化的词语来代替,以免使被调查者产生排斥情绪。

②前言。前言,又可称为封面信,是调查者致被调查者的一封短信。前言主要包含以下方面的内容:第一,调查的目的,即为什么进行该调查,它的意义和价值何在。第二,对调查问卷资料信息的保密承诺,以此赢得被调查者的信任,使其给予良好的配合。第三,调查的内容,即进行该调查活动主要是为了调查什么。第四,调查者的身份或者单位,让被调查者明白自己在接受谁的调查,以消除其戒备心理。第五,对被调查者的配合和支持表示真诚的感谢,并署上调查单位的名称和调查日期。

前言的语言表述要真诚、中肯,篇幅不宜过长,交代清楚情况即可。前言是问卷的开头,是与被调查者接触的开始,问卷前言质量的好坏,直接关系到被调查者答题的态度和能否赢得其信任。尤其是以寄出方式进行调查的问卷,前言的效果影响就更大,因为被调查者对于该调查活动的相关情况的认识,首先是通过前言的介绍和解释来获得的。当指导语过短时,可包含在前言里对其作以介绍。

例如,下面是一份关于中学生辍学的调查问卷中的前言。

同学:

中学生辍学是当今社会的一种常见现象,正确认识辍学行为对中学生的学业发展具有重要意义。你们在看到身边的同学辍学时,有自己的真实体验与感受,你们的真实想法对学校采取正确的教育方法具有重要的参考价值。本问卷采用匿名填答方式,请在下列问题的备选答案中选出符合你的情况或你赞成的答案,并在所选答案前打上"√",每题只选一个答案。

谢谢合作!

××中学《关于中学生辍学的教育方法研究》课题组

③指导语。指导语是指指导答卷者如何填答问卷的指导性说明文字,其作用是对填答问卷的方法、要求、时间和有关注意事项作以说明。较为简单的指导语有时只有一两句话,可在前言中附带说明,较为复杂的指导语还会列举填答样例,供答卷者参考理解。

④个人基本情况。主要包括被调查者的性别、年龄、所属年级、所在学校和地区等,主要涉及研究过程中与被研究者有关的必需变量。

⑤问题和答案。这是调查问卷的主体部分。问题是把研究的内容和指标具体化以后,转变成的一系列题目,所以,问题和供选答案的设计相当重要。问题和答案都具有多种形式,这些将在后面的内容中作具体介绍。

⑥结束语。这是问卷的最后结尾部分,主要是实习生对被调查者的配合和支持表示感谢。结束语不宜过长,表述简洁真诚即可。

其次,要注意问题的设计。

①问题设计的基本要求。

第一,问题的设计应服从研究目的和检验研究假设的需要,问题的设计过程也就是将研究的内容具体化的过程。

第二,问卷的问题应简明具体。若问题过多,就会使答卷者对答题产生不耐烦的态度。另外,一个问题应只含一个疑问或者调查内容的一个方面,以免使答卷者对问题的理解出现歧义。

第三,问题的设计应避免出现结果期待性。设计问题时,调查者对问题的态度应保持中立,在问题中避免贬义词的使用。在问题的语句表述中,不能给答卷者心理暗示。

第四,问题顺序的排列应合乎逻辑。应遵循先易后难、先一般后特殊、先事实性问题后态度性问题、先封闭型问题后开放型问题的原则。

②问题的形式。按照问题回答的方式,可以将问题分为开放

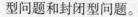

型问题和封闭型问题。

开放型问题,即调查者不为被调查者提供具体的备选答案,而是要求被调查者根据自己的想法用自己的语言进行回答的问题。例如:

你采用的语文课外学习的方法有哪些? 你对语文教师有哪些教学建议?

开放型问题能够充分发挥被调查者的主动性,答案会具有较多的创造性,而且比较利于对答案进行定性分析。同时也有不足之处:答卷者需要用较多的时间和精力去答题,并且所给答案中会混杂一些对研究无价值或者不够确切的信息;另外,由于答案不是标准化的,所以不利于研究者对其进行定量分析。

封闭型问题,即调查者在设计问题时,给出多个备选答案,供答卷者选择其中的一个或多个作为答案的问题。例如:

你觉得学习语文主要是为了汲取哪方面的知识营养? (请在符合情况的答案后面打"√")

字词认知( ) 写作技巧( )

阅读技能( ) 人文精神( )

答卷者在回答封闭型问题时,省时省力,心理负担较小,不容易产生厌烦的情绪,调查者能够较容易地得到真实的答案。同时由于答案的设计是统一的,要求作答的方式也是一致的,所以有利于调查者对答案进行统计和量化分析。但是,由于备选答案是固定的,所以缺乏灵活性,不容易获得新奇的、具有创造性的答案。

③问题答案的形式。

第一,是否式,是指答卷者的回答只有"是"或"不是"这两种选择。例如:

你的职业是语文教师吗? (请在符合情况的答案后面打"√")

是( ) 不是( )

第二,多项选择式,是指答卷者可以选择备选答案中的多项。例如:

你喜欢参加的语文实践活动有哪些? (请在符合情况的答案后面打"√")

朗诵( ) 写作比赛( ) 趣味阅读( )

书法练习( ) 成语接龙( )

第三,排序式,即列出多种答案,要求被调查者按照一定的要求对问卷所提供的所有答案加以排序。这种回答方式要求实习生

先把问题的答案列出来,然后答卷者根据一定的顺序标准列出它们的顺序。例如:

请将下列语文阅读材料的体裁按照你感兴趣的程度来排列,最感兴趣的请标示1,其次标示2,其余的依次类推。

(　　)诗歌　(　　)散文　(　　)小说　(　　)戏剧

问卷调查的资料收集方式具有以下优点:

第一,调查具有客观性。被调查者可以在没有旁人关注的情况下答卷,容易将对问题的真实想法表现出来。特别是对一些较为敏感或带有隐私性质的话题进行调查时,采取这种方法,更容易获得真实可信的一手资料。

第二,调查的可覆盖范围广、工作效率高。在调查中,使用问卷调查时问卷的可发放范围广,获得资料信息的来源也多。对于问卷的发放和回收,可以采取现场发放和回收的方式,也可以采取邮寄的方式,以突破空间和地域的限制。

第三,便于资料的统计和量化分析。在调查问卷中,被调查者在回答问题时所采用的形式是一致的,问卷的答题信息比较容易以数字的形式统计,这就有利于实习生对被调查者的答案信息进行整理和量化分析。

但是,问卷调查的资料收集方式也具有自身的不足之处:

第一,缺乏弹性,不利于调查的深入。调查问卷的问题及其备选答案的设置都是固定的,整个调查缺乏伸缩性,不利于调查随着被调查者的反应而有所深入。

第二,调查所获资料的质量难以保证。答卷者在答题时可能会受到环境因素的影响,从而导致所选答案并非自己的真实情况,这样会使调查结果有所失真,难以成为调查研究的可信资料。

第三,问卷的回收率难以保证。有的被调查人员收到问卷后,可能不愿配合调查或者置之不理,还可能出现答完问卷后不交回给调查者的情况。尤其是将问卷以邮寄的方式进行调查时,更无法控制问卷的回寄情况。

(2)访谈调查法

访谈可分为多种类型,实习生应对每种访谈方法的利弊都加以认识,以便在不同的采访环境下能够采用相应的最佳访谈方法,从而保障访谈活动的高质量完成。根据不同的标准,可以将访谈调查分为不同的类型。根据实习生对访谈的过程设计有无统一的标准,访谈调查可分为结构性访谈调查和非结构性访谈调查;根据实习生针对某一个访谈问题对同一访谈对象进行访谈的次数,访谈调查可分为一次性访谈调查和重复性访谈调查;根据实习生一次性访谈的对象的人数,访谈调查可分为个别访谈调查和集体访谈调查。

①结构性访谈调查和非结构性访谈调查。

结构性访谈调查,是访谈者按照事先设计好的、具有一定结构的问卷对被访者进行的访谈调查。采用这种访谈方法进行的访谈调查相对好控制,比较容易获得全面的资料,也比较适用于没有访谈经验的实习生。因为其具有标准性,对访问的程序、采用的方式、选择的访谈问题以及被访者所答答案的记录方法等都是统一固定的。

结构性访谈优点在于方便实习生对被访者答案的统计,便于对不同访谈对象的答案进行对比分析。但是,结构性访谈也有它的不足之处。结构性访谈是对不同的访谈对象提问统一的问题,不能根据情况对被访者进行问题的变换,不利于发挥实习生和被访者的积极性和主动性。

非结构性访谈调查,指在访谈调查进行前,只制订一个粗线条的访谈提纲,让实习生和被访者根据提纲进行自由的交谈,实习生在访谈的过程中可以根据情况作出必要的调整。

非结构性访谈有利于克服结构性访谈对访谈进行束缚的缺点,允许实习生根据情况对访谈作适时的调整。由于非结构性访谈只有一个粗线条的提纲,没有固定的问题和程序,所以有利于适应千变万化的客观事实情况,实习生可以根据情况对原先没有预料到的情况作出访谈调查,不断拓展访谈话题的广度和深度,从而获得结构性访谈所得不到的更丰富的材料和信息。而且实习生的访谈经验较少,采取非结构性访谈的方式对其控制访谈的能力及素质的训练有很大的帮助。但是,这种访谈方法不方便实习生对调查结果进行量化分析。

②一次性访谈调查和重复性访谈调查。

一次性访谈调查,是指针对某一件事情,实习生对家长或其他社会群体进行调查,了解他们对这件事的态度、情感、反应等,此项调查访谈工作是一次性完成的。这种访谈方法主要适用于对某个特殊情况的调查研究。例如,在学校发生某件事情以后,通过访谈来调查社会对该事件的态度和看法。

重复性访谈,是针对某个问题,需要对被访者进行多次访谈才能完成的调查方法。这种方法主要是调查随着时间和周围环境、情况的变化,被访者对于某个问题的态度、情感和行为等方面所作出的不同反应。重复性访谈属于深度调查研究,调查的结果具有动态性,但是调查费用较高、耗时较长,实习生较难把握。

③个别访谈调查和集体访谈调查。

个别访谈调查,是指访谈者和被访者进行一对一的访谈交流。在进行个别访谈的过程中,由于是访谈者和被访者之间的单独谈话,所以被访者不容易受到外界的干扰,两者之间比较容易建立起融洽的人际关系。对于较为敏感的话题,通过个别访谈也容易使调查达到一定的深度。这种访谈方法比较适合利用非结构性的访谈调查方式来进行。

集体访谈调查,是指访谈者将多个访谈对象集合在一起,针对某个问题进行同时访谈的调查方法,这种方法的访谈对象往往是一个小组或者是一个班级。访谈可以采用非结构性的方法进行,也可以采用结构性的方法进行,这样有利于保证谈话的效率,能够保证谈话结果的标准化。

在集体访谈会上,实习生和被访者之间,以及被访者之间都会对彼此产生影响,这样一来,访谈过程中搜集到的资料就不太可靠。所以,要求实习生有较强的谈话调节能力和对访谈会的组织能力,尽量减少或者避免彼此之间产生影响作用。比如,减少访谈会中权威人士的话语对其他被访者思想的影响。这种方法可用于班会或者家长会上对某个中心问题的访谈。

集体访谈增加了访谈对象,并且在交谈的互动过程中,容易达到互相启发、互相补充修订或者证实的效果,所以针对某个问题实习生不仅可以得到较为全面而广泛的意见和态度,而且省时省力,但是对于敏感性话题,也难以进行较为深入的交谈。

(3)教育观察法

教育观察法指观察者根据研究课题的需要,利用眼睛、耳朵等感觉器官或者摄像机等科学的观察仪器,有目的、有计划地对研究对象进行观察,以取得研究所需信息的一种资料搜集方法。对实习生而言,教育观察法既适合又重要。言其适合,主要是因为实习生就身处学校,可直接观察到教育过程中的人和事;言其重要,是因为通过观察法进行教育观察可获得真实可靠的第一手资料,从而为后期的研究奠定坚实的基础。

教育观察可根据不同的标准划分为不同的类型,每一种类型

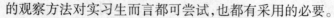

的观察方法对实习生而言都可尝试,也都有采用的必要。

①根据观察时是否借助仪器,可以将教育观察分为直接观察和间接观察。

直接观察指直接通过视觉、听觉对被观察者的行为活动进行观察。例如,实习生进入校园,可有意观察实习学校的校园文化环境,实习生听课时,可直接观察课堂上教师和学生的互动行为。间接观察是指运用某种中介物来获得观察对象的资料信息。实习生可通过两种方法来实现对观察对象的间接观察。一种方法是借助摄像机、录音机等科学仪器对被观察者的行为活动进行观察和记录。例如,利用班级摄像头对学生上自习的情况进行远距离观察。另一种方法是通过对观察对象的活动痕迹的观察,来获得观察对象的资料信息。例如,实习生通过对图书馆文学图书或者语文杂志的磨损程度的观察,来判断学生的阅读兴趣。

②根据观察者是否参与到被观察者所从事的活动中,可以将教育观察分为参与式观察和非参与式观察。

参与式观察是指观察者参与到观察对象的活动中,充当其中的一个角色。运用这种观察方法有利于深入到观察对象的深层活动中去,获得较有价值的资料。例如,在学生开展某次实践活动时,实习生作为团队的一分子参与其中,和学生一起进行实践活动,在实践活动的过程中对学生的日常行为、活动表现进行观察和记录。非参与式观察是指实习生不参与任何被观察者所进行的活动,只是作为旁观者对观察对象的行为活动进行观察和记录。例如,某位语文教师运用某种新的教学方法进行课文的教读,实习生作为观察者,对教师在课堂上的表现及学生在课堂上的反应进行观察和记录。

③根据观察内容和具体要求是不是统一设计的、是否具有一定的结构,可以把教育观察分为结构性观察和非结构性观察。

结构性观察是指观察者事先设计好观察的类目和内容,然后在实际观察活动中严格地按照事先制订的要求和表格进行观察。例如,实习生要对语文课堂上师生的互动情况进行观察,在实施观察前,根据所要观察的内容制订出"师生互动类目表",然后按照此表进行课堂观察和记录,在此表所列类目之外的内容不作观察和记录,这种观察就是结构性观察。非结构性观察是指在观察前只设定一个总体的观察目的和观察要求,在实际的观察过程中根据当时的具体情况、总体要求与目的进行观察。

　　不管是采取哪一种观察方法,观察者的出现都可能会对被观察者的情绪或行为产生些许影响。所以,实习生在实施观察时,应尽量采取隐藏其观察者身份等措施来减少这种交互作用的影响,以保证获得真实可靠的资料信息。

　　(4)文献调查法

　　所谓文献,即指一切含有被研究对象的大量信息的资料,包括用文字、图像、视频和音频等手段记录下来的人类知识的物质形态。教育文献是指用各种符号形式记录下来的、具有教育研究价值的文献资料。文献调查法是指搜集、鉴别、整合文献,达到对教育事实的科学认识,进而探索出教育现象规律的研究方法。

　　实习生容易获得的教育资料信息主要分布在以下文献载体中:

　　第一,书籍。书籍包括教科书、与研究课题有关的教育专著及教育类工具书等。第二,报刊。实习生可经常查阅一些教育报刊,如《中国教育报》、《上海教育报》、《浙江教育报》、《教师报》、《教育时报》等。另外,实习生应对以下三种教育期刊给予关注:一是刊登学术论文、教育评述、教育动态的杂志,如《教育研究》、《基础教育》、《教育理论与实践》等;二是刊登有专业性较强的文章的学报,如《华东师范大学学报(教育科学版)》;三是经过专业人员精选而整编成册、具有篇目索引价值的文摘。第三,电子资料。实习生可通过网络进入国内外研究机构和著名大学的图书馆信息系统,查阅资料,获得全面、前沿的教育信息资料。并且可以通过电子邮件、电子公告板等与有关人员进行资料的传递和学术的交流。第四,日记、教案、记录。这类文献主要是指在实习学校可查阅到的教学实践中的有关资料,包括学生的日记、作业、成绩档案,教师的教案、听课记录以及学校的会议记录等。

　　文献调查可分为三个环节进行:文献的搜集、文献的鉴别、文献的整合。

　　①文献的搜集。实习生进行文献的搜集应该做好以下三点:一是掌握文献的类别;二是明确课题研究所需文献的搜寻方向;三是检索、筛选和确定所需文献,积累相关的资料信息。

　　②文献的鉴别。文献的鉴别包括对文献的真假和质量高低的鉴别。文献的鉴别可分为"外审"和"内审"两种方式进行。所谓"外审",是指对文献版本和文献作者真伪的鉴别。所谓"内审",是指对文献所载内容是否属实的鉴别。在教育研究中,实习生要采

取多种方法对文献的真假及质量的高低进行鉴别。

③文献的整合。文献的整合是指实习生对其掌握的文献进行创造性的综合、分析、比较、概括等思维加工,进而达到对教育事实的科学认识。

实习生对文献的整合可采用以下四种方法:第一,归纳法,即从文献中归纳出教育事实所具有的规律性内容。第二,演绎法,即根据文献记载的属实事理,来推断与文献有关的结论。第三,比较法,即以文献记载的时间、事件等为标准,通过比较来得出相关结论。第四,辩证分析法,即辩证地看待文献所记载的事件演变、发展进程等,得出关于教育事实和原理的系统看法。

四、实施调查应注意的问题

在教育调查中,细节问题会直接影响到所搜集到的资料的质量。由于实习生对教育调查过程的操作还不够娴熟,所以需要加强对一些教育调查细节的操作技巧的学习,以保障在调查中搜集到真实而全面的信息。

1. 实施问卷调查应注意的问题

(1)发放问卷的技巧

问卷发放得成功与否,直接关系到问卷的答题质量,以及问卷回收率的高低。所以,为了获得良好的问卷资料和信息,调查者应掌握问卷发放时的操作技巧。

①如果采用现场答题的方式进行问卷调查的话,实习生应事先和有关单位与部门取得联系,这样有利于保证调查工作的顺利进行。而且最好在被调查者较为集中的时候进行,因为调查者亲自到现场发放和回收问卷,并适时作以解释和指导,能够使调查的时间集中统一,问卷的回收率也较高。

②如果采用邮寄问卷的方式对被调查者进行调查,实习生需要做好以下几点:第一,应对问卷的回收率作出估计,在需要的情况下,根据比例适当地增加寄出的问卷量,扩大调查的规模。第二,对于寄出的问卷,要随信附上带有邮资的信封。第三,调查问

卷寄出后,在应收到回信而未收到时,应再向被调查者增寄提示信,或者补寄问卷。

（2）提高问卷回收率的技巧

对问卷进行回收以后,要对有效问卷的回收率进行统计。当问卷的回收率达到 70% 以上时,问卷的调查结果才能作为调查结论的依据;当问卷的回收率达到 50% 以上时,可以从中采纳有效信息作为建议;而若问卷的回收率只有 30% 左右时,问卷的有关资料只能作为参考信息。所以,问卷的回收率最好达到 70% 以上,这样该调查问卷的研究实施才能具有最大的价值。

根据以上影响调查问卷因素的分析,要提高其回收率,应做好以下几点:①对于问卷本身来说,应根据实际情况来选择较为吸引人的调查课题,以提高被调查者回答问题的积极性和试卷的回收率。②对问卷题目的难易程度要进行良好的把握,避免因被调查者在答题过程中出现厌烦情绪而影响调查的质量。③对于实习生来说,应本着认真负责的工作态度,使整个调查活动程序严密可行。尽量考虑和选择较为合适的问卷发放与回收方法。

2. 实施访谈调查应注意的问题

（1）接近被访者的技巧

实习生与被访者的接近,是开始访谈的第一步,被访者对实习生的印象直接关系着整个访谈过程的进行。优秀的调查访谈者应该具备良好的访谈素质,首先要能让被访者接受,使其乐于与访谈者交流。

①与被访者取得预约。要作访谈,首先是要让被访者愿意接受访谈,而对于陌生人的突然到访,被访者因为戒备心理,有可能会予以回绝。所以,在去访谈之前应先和被访者取得预约,这样被访者接受访谈的可能性就相对较大。

②对被访者的称呼要恰当。如果对被访者称呼恰当,那么实习生就会比较容易得到其心理上的接受。要恰当地选择好对被访者的称呼,应注意以下几点:第一,要入乡随俗,让其感觉到亲切自然而不拘谨。第二,既要显示对其的尊重和恭敬,又不能过于夸张,要做到恰如其分才好。第三,要根据双方关系的亲疏程度和心理距离的远近来决定。尽量拉近二者之间关系,但又不能让其感觉到虚情假意。

③实习生的衣着打扮应得体。被访者与访谈者接触时,他会

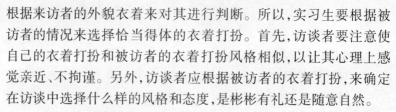

根据来访者的外貌衣着来对其进行判断。所以,实习生要根据被访者的情况来选择恰当得体的衣着打扮。首先,访谈者要注意使自己的衣着打扮和被访者的衣着打扮风格相似,以让其心理上感觉亲近、不拘谨。另外,访谈者应根据被访者的衣着打扮,来确定在访谈中选择什么样的风格和态度,是彬彬有礼还是随意自然。

（2）提问的技巧

提问是对被访者进行调查的主要环节和手段,成功的提问有利于实习生收集有效的信息。善于提问,不仅体现在实习生能够提出有价值的问题,还体现在提问的过程中,能够根据情况对提问技巧进行灵活的运用。

①问题要灵活。实习生对被访者提出的问题可以分为两大类。一类是具有实质性的问题,包括被访者的行为、客观性事实,或者其对某件事的看法、态度和建议等。另一类则是具有功能性的问题,包括和被访者拉近心理距离的问题,试探所安排的访谈时间和所选的话题是否能够调节气氛、缓解被访者紧张心理的问题,将话题顺利转换到另外一个话题的问题,检验所得回答是否可靠的具有再检验性质的问题等。

②方式要恰当。提问的方式有很多种,具体采用哪种方式对被访者进行提问,要根据多方面的因素而定。影响方式选择的因素主要有以下几种:第一,访谈者与被访者二者关系的亲疏程度。若双方较为熟悉,就可以比较直率地提问;若双方不是很熟悉,提问时就要格外谨慎。第二,根据问题的特点来决定。若问题较为简单,被访者较容易回答的话,就可以对其直接提出;若问题比较复杂或者比较敏感的话,提问时就需要采用较为委婉、迂回的方式。第三,根据被访者自身的具体情况来决定。如果被访者的文化程度较低、理解能力也较差的话,就需要用简明的语言、全面解释说明的方式进行提问;如果被访者的文化程度很高,表述反应也比较快的话,那么就可以比较快速地、连续地发问。

③语言要简练。在访谈进行的过程中,应使用让被访者乐于并容易接受的语言。首先,要做到简明扼要,要用最简短的提问换取所含内容最丰富的回答。另外,还应做到语言的"三化"。第一,通俗化,即在访谈中尽量避免使用专业术语,需要用时,也应对其作具体的阐释和说明,以使被访者明白术语的意思。第二,口语化,即在访谈中应使用口语化语言,避免使用书面语或者官方语言。第三,地方化,即同一个词语在不同的地区可能会有不同的意

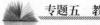

思,有些方言被访者可能会听不明白,这种语言要慎重使用。

④语气要合适。在访谈提问中,尽量使用"拉家常"或者"聊天"的形式进行,避免使用审问式的语气。对于不同的访谈对象,要采用不同的语气。例如,和小学生谈话时,语气要亲切,用语应简明易懂,和老教师聊天时,语速应尽量放慢一些,说话时的声音应尽量大一些。

（3）倾听的技巧

①访谈者的目光要停留在被访者的鼻眼三角区。这样做既体现出对被访者的尊重态度,又呈现出访谈者积极倾听的姿态。当被访者感觉到自己被别人关注时,他会愿意进一步倾诉。②访谈者的心态要平和。访谈者不要打断对方的倾诉,要能容忍被访者的偏见,并极力抑制自己与被访者争辩的冲动。③访谈者应创造有利的倾听环境,尽量选择安静而平和的环境,使被访者处于身心放松的状态。④访谈者要允许被访者沉默,但应思考其产生沉默的原因,并且根据情况作出适当的回应,设法打破沉默,以保证访谈的顺利进行。

（4）回应的方式

所谓回应,即访谈者对被访者的言行作出言语性或者非言语性的反应。回应的方式有很多种,应该根据情况作出适当的选择运用。访谈中常用的回应方式有以下几种:

①访谈者的自我倾诉。在访谈的过程中,与被访者的言行产生心理上的共鸣时,应给予及时的回应。当被访者感觉自己的想法和言行被人接受和理解时,双方的心理距离就会得到进一步的拉近,从而使访谈的气氛变得更为轻松和融洽。

②对被访者进行适时的追问。当被访者对访谈者的问题回答得不清楚或者所给的答案不确定,尤其是答案不符合题目的意思时,应给予被访者适时的追问,以明白被访者的意思或者得到更深入的信息。

③对被访者的话语进行呼应。包括非言语性和言语性的表达。非言语性的表达包括微笑、肯定的目光,言语性的表达包括诸如"嗯"、"是的"或者"是吗"等回应性话语。访谈者对被访者作出的言语性或者非言语性的反应能使被访者受到心理上的鼓励,这样就容易说出自己更多的想法。

④对被访者的话语作重组、复述或者总结。所谓重组,即访谈者将听到的被访者的言语用自己的意思重组一下,通过被访者的

反应来检验自己的理解是否正确。所谓复述,即将听到的被访者的语言进行一下重复,以确定没有听错。所谓总结,即访谈者把所听到的意思进行总结提炼,以检验自己的理解是否正确。

不管用哪种方式进行回应,都应该以被访者的意思进行,访谈者对被访者的任何意思都应保持中立,不要带有任何指向性的意思,避免对被访者的言行进行评说。只有这样,才能保证被访者能够说出自己的真实态度和建议,保证调查信息的可靠性,这样的调查结果才有研究的价值。

五、调查报告的撰写

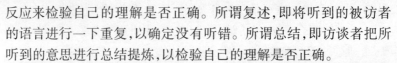

调查报告是调查者在实施调查以后,在对调查资料进行整理、分析的基础上,对调查研究成果作出的集中体现。调查报告质量的高低,直接关系着整个调查研究活动质量的好坏、价值的高低。所以,实习生应全面了解调查报告的特点、类型和结构,认识到掌握调查报告的写作技巧是实习生所应该具备的素质。

1. 调查报告的特点

(1)真实性

真实性是调查报告最基本的特点。所谓真实性,即指文中引用的材料、数据、事实,必须来自最真实的调查活动,能够准确而具体地反映客观实际。教育调查报告是对客观教育事实的调查研究,调查报告中有对客观教育事实的调查总结和对教育问题的全面陈述,实习生根据调查结果进行教育理论的探究,进而揭示出教育的客观规律。所以,调查报告的内容必须符合客观事实,撰写调查报告时对有关资料、数据和事实的引用和陈述必须做到准确而具体。

(2)针对性

调查报告是为解决实际教育问题服务的,其针对性即指实习生应从客观需要出发,对教育中急需解决的教育问题,进行针对性的调查研究,进而得出具有规律性的东西,去有效地指导教育实践。调查报告应是进行有的放矢调查的结晶,这样才能具有实际意义。

2.调查报告的类型

不同的调查报告具有不同的思考出发点和写作目的,相应的也具有不同的读者对象,实习生了解调查报告的不同类型以及各类型的特点,有利于写出规范的、针对性较强的调查报告。

（1）应用性调查报告

应用性调查报告是以解决教育问题、满足实际教育工作需要为出发点的调查报告。它的读者对象一般为教育实践工作者,非专业研究人员。应用性调查的目的是认清教育现象,获得足够的事实材料依据,揭示教育现象的客观规律,以达到对教育问题的清晰认识,进而使问题得到解决、工作得到改进。实习生撰写的调查报告多以应用性的为主。

（2）学术性调查报告

学术性调查主要是对学科教育现象和问题的理论性探讨,它的撰写要求实习生运用学科的专业理论知识及概念,报告应具有较强的理论性和科学探究性。学术性调查报告以学科建设或学术发展为出发点,主要的读者对象是学科的专业研究人员。调查的目的是通过对现实材料的分析、归纳、总结或者提炼,从理论的高度揭示出教育现象本质性、规律性的东西,进而提出、证明某一理论观点,或者对学科的某一理论进行质疑、补充等。

3.调查报告的结构

调查报告具有标准的结构,包括开始、主体和附录三大部分,每部分又可具体划为若干小部分。掌握调查报告的结构,对于实习生写出一份全面、翔实的调查报告具有重要意义。

（1）开始部分

调查报告的开始部分一般包括标题、目录和摘要三部分,其中标题是不可缺少的,若报告涵盖内容较多,可对报告内容进行编排,列出目录和摘要,以便读者阅读。但根据情况也可将目录和摘要部分略去。

①标题。标题可分为以下几种拟定形式:

第一,单标题陈述式。标题包含的内容包括调查研究对象和研究的主要问题,并对其进行直白的陈述。例如《××中学图书馆读者满意度研究》、《关于农村女童受教育现状的调查》、《××中学

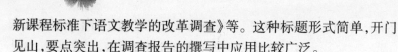

新课程标准下语文教学的改革调查》等。这种标题形式简单,开门见山,要点突出,在调查报告的撰写中应用比较广泛。

第二,单标题提问式。标题所含内容以提问的形式出现,直接点出调查的内容和主要问题。例如《"就近"升初中为何难调众人口?》《怎样帮助沉湎网络的学生心灵回归校园?》等。这种标题与陈述性标题相比,调查问题显示得更鲜明,更能发人深省,容易吸引读者眼球。

第三,双标题陈述式。顾名思义,这种标题不是只有一部分,而是由主标题和副标题两部分构成。主标题是对研究结果的提炼和总结,带有作者的主观色彩,表明了作者的态度;副标题表明调查研究的对象和研究的主要问题。例如《托起明天的太阳——对贫困地区儿童失学问题的调查》《一路向北:情定什刹海——一名高三女生和她什刹海"酒吧"的调查》等。双标题法包含的信息比较全面,主副标题相互补充、相得益彰。

②目录。为了方便读者快速地阅读、查询资料,调查报告设有目录部分。目录部分即是将报告的结构框架列出,包括每一部分的主副标题及其所在页码。调查报告目录的形式就像平时所阅读的杂志或图书的目录一样,有的调查报告篇幅较长,本身就是一本书。

③摘要。摘要是对调查报告的主体内容部分进行的高度提炼和概括,要求语言简洁、凝练。调查报告的摘要部分应包括对所选课题及其研究目的的说明、调查方案的设计、调查过程的陈述及其所采用的调查方法的介绍。

(2)主体部分

①前言。前言即调查报告主体的开头部分。前言部分向读者交代该课题研究的背景资料,如研究的原因或者该课题研究的现状及存在的问题等,向读者介绍该课题的研究目的,使读者了解本课题调查研究的过程及其所采用的研究方法,如调查的地区和对象、调查工具和手段、资料的收集和处理方式等。

调查报告的前言写作比较灵活,通常有以下三种方法:

第一,情况介绍法。此法即介绍该课题调查过程中的具体情况,包括调查的时间、地点、对象、过程、方法等。这种前言表述方法有利于读者了解课题研究的背景、条件及过程。

第二,主旨陈述法。此法即对课题进行调查研究的目的加以陈述。通过这种前言表述方法,向读者说明选题的意义和价值,即

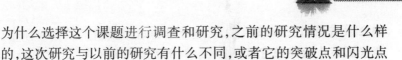

为什么选择这个课题进行调查和研究,之前的研究情况是什么样的,这次研究与以前的研究有什么不同,或者它的突破点和闪光点在哪里。这种前言表述法能使读者准确地把握本次调查研究的主要精神。

第三,提问设疑法。此法即在前言中提出问题,设置悬念疑问,以此来吸引读者眼球。这种前言表述方法的优点在于吸引读者注意力,使读者对该问题感兴趣,并使其思维随着作者对问题的思考而深入,以吸引读者把调查报告读下去。

前言的写法并没有固定的统一格式,需要根据主体表现的内容和调查的各方面具体情况要求来确定最恰当的前言表述方法。

②正文。调查报告的正文,在表现主题上起着举足轻重的作用。一篇调查报告正文质量的高低、好坏,决定着整篇文章的质量和可信度的高低。完整的正文应具有明确而深刻的主题、真实典型而充分的证明材料与恰当的结构。主题赋予正文灵魂,材料是充实正文的血肉,而结构则是构建正文的骨骼。

任何调查报告正文观点的表述都要做到明确、具体。首先,确立总观点,即正文的灵魂。另外,根据证明总观点的需要可设分观点,总观点应能统领各个分观点,分观点要能说明总观点。

材料和有关数据是正文叙述的主要内容。调查报告就是用事实说话,根据事实材料得出结论、证明假设,所以真实性是正文材料的首要属性。正文的材料是为观点服务的,所以材料的组织应根据总观点和分观点的需要,所选材料要能充分证明观点,做到材料和观点的相互统一。

调查报告是一种篇幅较长的应用文体,要使读者对其内容有清晰的认识,需要作者赋予文章清晰的结构。一般说来,调查报告正文的结构有三种构建法:

第一,横式法。横式法即把问题分成几个方面,把材料分成几个部分来分别阐述,每个部分都要有鲜明的观点和主题,各部分之间存在并列、因果、总分等关系。这种构建法使文章的结构清晰,内容全面,读者可以从不同的方面了解数据材料,把握主题。

第二,纵式法。纵式法即按照调查进程的先后顺序来组织和安排材料,事件叙述从头至尾,层层深入,文章结构完整、脉络畅通。这种表述方式能够使整个调查事件有序而完整地呈现在读者面前,使读者动态地把握整个调查过程。

第三,综合法。综合法即将横式法和纵式法综合运用,兼取二者之长,根据表达观点的需要,相互结合着组织材料。在表述中,有的以横式为主,纵式贯穿其中,有的以纵式为主,横式贯穿其中。这种构建法的优点是,既能将事件的来龙去脉表述清楚,又能全面、分门别类地对观点进行各方面的阐述。

根据材料内容的丰富多样,安排材料的结构形式也具有多样性。写作时没有一成不变的结构模式去遵循,作者应根据表现主题的需要和所搜集的资料去选择合适的结构,什么样的结构利于表明观点、组织有效材料,就选择什么样的结构。

③结尾。调查报告的结尾就是调查报告的结束部分,根据作者的意向,不同的调查报告也有不同的结尾方法。一般说来,教育调查报告有以下五种结尾方法:

第一,概括法。在用科学的方法对材料进行综合分析的基础上提出对问题的看法,对调查报告中的观点进行概括和归纳,进而鲜明地表达出自己的主要观点,达到深化主题的作用。

第二,总结法。针对调查的问题,根据对调查资料的结果分析,总结出有效的问题解决方法和有关的教育经验。结尾部分对经验进行高度总结,形成结论性的语言,以便在教学实践中推广运用。

第三,建议法。对问题进行调查后,通过分析所得资料,对问题有了理性的认识,在此基础上对问题提出建议或者具有可行性的方案,以供教育实践工作者或者教育部门参考。

第四,预测法。根据调查报告的数据、资料及有关结论,在合乎科学逻辑的基础上,对调查对象的未来进行预测。

第五,补充法。调查中的有些情况,与调查的主旨精神关系不大,但又是需要交代说明的,可以在文章结束部分作为结尾加以附带说明。

（3）附录部分

附录部分是对调查报告进行的补充说明,包括资料的出处、搜集资料时的参考书目、调查中所使用的工具和图表、对有关图表的注释和说明、有关旁证资料等,也可以是作者对调查的评价或者作者在调查基础上提出的更有价值的研究问题、更好的研究建议。这些材料由于调查报告的篇幅或者结构所限,未能应用到报告中去,就可将其收录在附录里面。

专题六

总结评定

最客观的评定

实习接近尾声,实习生的教育实习工作需要总结和评定。师范院校汉语言文学教育专业实习生的教育实习主要包括语文教学实践的实习、班主任工作的实习以及教学管理工作的实习,所以实习生的教育实习的总结和评定也应主要围绕这些方面来进行。总结,主要是指实习生对教育实习的自我总结。实习生应该明确教育实习自我总结的目的、内容以及自我总结撰写的方法。评定,包括对实习生教育实习成绩的评定和对实习生教育实习表现的鉴定。通过实习指导教师、实习学校和实习带队教师对实习生教育实习的评定,实习生能够发现自己在教育实践中的优点和不足,从而得到进一步的提升。

一、教育实习自我总结

1. 自我总结的目的及意义

教育实习的重要性在于用教育理论来指导教育实践,并且在具体的教学实践中使教育理论得到检验和完善。在教育实习的过程中,实习生除了要完成教学技能的锻炼和提升外,还要进行一定水平的科学研究,在实践的同时完成思考。很多时候,实习生在教育实践的基础上对某种教学现象或者教学观点会有所思考,通过对其进行大量的调查和深入的探究,能够得出具有一定水平的研究成果,从而进一步指导教学实践。

那么,教育实习的自我总结就是个沉淀积累的过程。它具有以下几方面的目的及意义:

第一,通过对教育实习的总结,回顾和总结出在实习过程中取得的成绩、获得的经验。实习生在长时间的学校学习中,远离教学一线,许多教学方法、教学设计都只是设想,所产生的教学效果也无法得到验证。只有通过教学实习,才能够了解究竟什么样的教学方法是最有效的,课堂上的教学机智是怎样生成的,怎样设计教学内容最能吸引学生的注意力,面对不同性格的学生应采取怎样的管理方式和沟通方式……在教学实践的同时进行反思和总结,不断地提高自身的教学技能和教育机智,积累经验,在取得新鲜的第一手资料后进行加工和吸收,以便在将来的教育工作岗位上更快地适应工作环境。同时,在实习过程中发现问题和不足,对其进行改正和完善,将其记录下来并形成教学反思日记,以便在今后的工作中少走弯路,加快提升自己的专业业务水平和能力,培养和建立起正确的专业意识和价值观,从而形成独特健康的教学风格。

第二,教育实习的自我总结有助于实习生建构、优化自己的知识结构。实习生在学校学习期间,对于理论知识的学习比较抽象,而且很少有具体的教学案例辅助,不会深刻地理解和运用这些理论知识。实习生在实习的过程中,不断内化这些知识,同时依靠实践的验证告知自己,还应学习哪些知识,掌握哪些技能。这样总结反思,有利于优化自己的知识结构。

第三,教育实习总结可作为评定实习生实习成绩的重要依据。总结愈深入,就愈能准确地评估实习的成绩和不足,从而客观地评定出实习成绩。

2. 自我总结的类型

自我总结一般分为三种类型:阶段性小结、专题性总结、全面性总结。

(1)阶段性小结

阶段性小结主要是针对一段时间的实习工作进行总结,一般在阶段性的研讨会或是实习小结会上以口头总结的方式进行。实习生简要地汇报最近一个阶段内的工作情况、实习计划的执行情况及收获的效果、有何不足和感想等等。校方指导教师针对实习生的实习工作给出简要的评价,提出建议和期望,并确定实习小组和实习个人下一阶段的工作内容和具体要求。

(2)专题性总结

专题性总结主要是针对某一专题进行的实习总结。实习生对实习过程中某一课题进行总结,从中得出结论,形成书面式的总结报告,

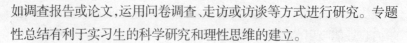

如调查报告或论文,运用问卷调查、走访或访谈等方式进行研究。专题性总结有利于实习生的科学研究和理性思维的建立。

(3)全面性总结

顾名思义,全面性总结是对教育实习的各个方面作总结,一般包括如下几个方面:第一,实习基本情况。概述实习的时间、地点和经过,完成的任务,得到的经验和成绩。第二,教育实习的教学实践总结。实习生可结合具体的案例,总结在课堂教学方面获得的经验。第三,教育实习的管理工作总结。主要体现在班主任实习工作方面,包括如何与学校、教师、学生以及家长沟通,沟通的成效如何,在这个过程中学到了什么,等等。最后,总结在实习过程中存在什么不足,最好有典型的事例,以防空洞。分析产生问题的原因,目的在于提高认识,明确今后的努力方向。

【教育实习总结示例】

2009 级全日制教育硕士实习总结

桑宁　292067　文学院 2009 级全日制教育硕士

实习学校:兰州市第二中学

指导教师:王艳新老师

指导班主任:王艳新老师

实习时间:2010.2—2010.6

实习班级:高二(9)班

实习目的:通过 2009 年秋季一学期的理论学习,对于中学语文教学,我有了新的认识和了解,同时,也储备了一定的教育学和心理学知识。但"纸上得来终觉浅,绝知此事要躬行",教育实习就是将我所学到的理论知识应用于实践,并从实践中获得知识的好机会。同时,教育实习也充分锻炼了我独立观察、思考和解决问题的能力,使我对普通中学的工作环境有了深入的了解,为毕业后走向工作岗位奠定了良好的基础。

实习内容:主要包括教学工作、班主任工作和教育调查等三个方面。另外,作为一名研究生,我还要对实习内容有所反思,进行一定的学术研究。基本情况如下:在教学工作方面,我完成教案 8 份,听课 20 节,课堂教学 32 节,其中新课 20 节,辅导课 12 节;在班主任工作方面,我负责班级日常管理工作,组织主题班会;在教育调查报告方面,我完成了《中学生使用网络语言情况的调查报告》,并在南京师范大学主办的学术期刊《文教资料》第512期发表;在学术研究方面,我完成了论文《中学语文课堂合作学习的实践和反思》,将于2010年11月在《新课程研究(基础教育版)》上发表。

(一)教学工作

"实践出真知",教学工作能够使我将所学的基础理论、基本技能和专业知识应用于实践当中。通过一学期的教学实践,我开拓了眼界,增长了知识。

实习的第一阶段,我主要是听课,认真地做好听课笔记,同时,不仅听指导教师的课,我还积极地与教研组其他老师进行沟通,听了许多其他老师的课,这使我受益匪浅。开学第十二周,学校举办了"青年教师课堂教学比赛",我有幸观摩了讲课和评课的整个过程,听了不同学科老师们的讲课。同时,我也认真地研读了"课堂教学评价表",寻找自己的差距,这个过程对我的教学能力的提升有很大的帮助。

在教学实习中,理论与实践的差距凸显出来,课堂教学比我想象中的更加复杂,在教学中会出现许多意想不到的问题。我的指导教师王老师给了我很多的鼓励和帮助。她帮助我修改教案和课件,认真地听我所上的每一节课,并指出优缺点,这让我能及时地发现问题、解决问题。当我有新的想法时,王老师也总是大力支持。比如,我想要开展合作课堂,王老师给予我极大的自主权,让我放开手去开展,使我在第一次的实践中就尝到了甜头。随着开展次数的增加,问题也渐渐暴露出来,我按照研究生导师马守君老师的指导,认真进行教学反思,查阅相关的资料,寻找解决问题的办法。值得高兴的是,通过实践反思,我完成了《中学语文课堂合作学习的实践和反思》一文,将在《新课程研究(基础教育版)》上发表,我所取得的成绩离不开王老师和马老师的鼓励和帮助,在此深表感谢!

(二)班主任工作

十六周的实习过程中,与高二(9)班同学们的相识、相知是非常愉快的,从我第一次见到他们时彼此间的好奇,到分别时不舍的泪水,一切都历历在目。

"非主流"、"叛逆"似乎成了社会为90后孩子贴上的标签,实习之前,我甚至没有想好怎么去面对他们。但是,真诚的沟通和相互的理解很快就拉近了我们彼此的距离。从开学的第一天开始,我就努力地记下他们每个人的名字,向王老师了解他们的情况。在我接触他们很短的时间以后准确地叫出他们名字的时候,我看到了他们惊讶的表情之后小小的喜悦。我用自己的经历,在生活和学习方面给予他们指导和鼓励,像大姐姐一样关心他们的生活,在他们犯了错误的时候又严厉地批评,渐渐的,我在同学们中间也建立起了一定的威信。至此我发现,其实90后的孩子并没有那么可怕,他们也只是一群成长中的孩子,他们会叛逆,想要独立,但是,他们阳光而富有活力,总是那么朝气蓬勃,这让我总是不经意地回忆起自己美好的高中时代。

我把自己的电话号码和QQ号告诉了同学们,以便他们有问题时可以及时联络到我。通过这样的方式,我对同学们有了更深入的了解,尤其是班里的几个令老师头疼的学生,他们会在QQ里向我坦露心事,我也可以及时地给予他们一些帮助和指导,最重要的是,通过这种方式,我和学生们之间的距离拉近了。

实习的第十四周是兰州二中一年一度的"大成文化艺术节",高二(9)班的同学们准备了配乐诗朗诵《当你爱上真正爱你的人》和舞蹈《床前明月光》。从选节目、排练到上台演出,我都陪伴着他们,给他们我的意见。当同学们站在舞台上表演的时候,我被他们的努力和青春所散发出的任何东西都无法掩盖的活力深深地打动了。

实习的第十六周,我深切地体会到了班主任工作的琐碎与复杂。每天七点二十五就要到教室监督学生们早读,课间还要操心他们的安全问题,下午五点开始监督学生们自习,一直到六点,一天的工作才算结束。但是,辛苦的工作换来的是同学们的信任和他们一点一滴的进步,于是,所有的艰辛也都变成了欣慰。

(三)教育调查报告

当今社会,随着网络的高速发展,网络语言也渐渐融入人们的日常生活。为了了解网络语言对中学生产生的影响,我采用问卷法、访谈法等教育科研方法,对"中学生使用网络语言情况"进行了调查。通过查

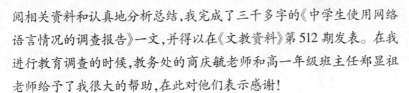

阅相关资料和认真地分析总结,我完成了三千多字的《中学生使用网络语言情况的调查报告》一文,并得以在《文教资料》第512期发表。在我进行教育调查的时候,教务处的商庆毓老师和高一年级班主任郑显祖老师给予了我很大的帮助,在此对他们表示感谢!

小结:

四个月的实习,短暂而充实,它是我未来职业生涯乃至人生的重要一课,也是我将来从事教师工作的宝贵经验,这一段记忆也将永远铭刻在我的心中。

3. 自我总结的内容

自我总结是对自我实习计划和全程实习情况的一个全面回顾及评价,其主要内容包括四个方面。

(1)实习的基本情况陈述

在自我实习总结的开头部分往往会有一段基本情况的概述,主要介绍实习的时间、地点、经过以及所在实习学校的基本背景、完成的实习任务(包括学科教学及班主任工作等)、实习效果和实习成绩,以及其他需要交代的问题。

(2)实习的主要成绩总结

这部分是自我实习总结的核心内容,可以通过两方面进行总结:教学实践的成绩以及教育管理的成绩。其中,由于为期半年的实习主要是以教学实践为主,因此,应该给予教学实践成绩较多的思考。可以将教学实习工作的成绩划分为几个小方面加以阐述,例如课程的设计与构思,对四十五分钟课堂的整体把握,与学生之间的相互磨合,课堂活动的安排与实施,作业及试卷的批改与分析,参与科组教学活动的情况等方面。教育管理工作方面主要包括以实习班主任的身份开展班级活动,设计和开展主题班会,参与班级管理,组织学生活动或竞赛,进行学生思想工作,主持召开学生家长会等。不论是教学实践工作成绩还是教育管理工作成绩的阐述,都应该列举出一些具体的典型事例,并分析取得这些成绩的原因。此外,自我总结中还有一部分不可或缺的内容,即个人的实习感受。对于从未真正登上讲台进行日常教学工作的实习生而言,经历了为期半年的实习,感受肯定颇多。谈谈实习的自我感受不仅是对实习的一个回顾,更是一种有效的自我反思。这一部分内容可多可少,因人而异。

（3）实习中存在的问题

全面性的自我总结主要是反映成绩和经验,但也需要实事求是地找出实习过程中存在的问题和教训。只有发现问题,找出不足之处,总结出经验和教训,才能防止在今后的工作中再犯同样的错误,从而促进个人的不断进步和完善。为了避免叙述空洞,需要通过典型事例来反映存在的问题,通过分析产生这些问题的原因以及思考解决问题的方法,来进一步提高认识,明确自己今后的努力方向。

（4）今后的努力方向

总结了上述三方面的内容之后,要明确自己今后的努力方向,这是自我实习总结的结尾部分。根据自己在实习过程中所取得的成绩和积累的经验,以及对存在的问题和教训的总结分析,来确定自己在以后学习中的努力方向。换言之,实习生经历实习之后,要明白自己在哪方面有欠缺(例如专业知识掌握不够牢固、教学内容把握不够准确、与学生的沟通不够深入、教学形式不够多样化等等),明确自己在以后学习中的努力方向。

以下是一名2009级"4+2"教育学硕士研究生为期半年的支教实习的自我总结。

支教实习总结

丛晓妍　291874　文学院

时光荏苒,半年的支教实习时光飞逝而去。这半年对我来说是一次真正意义上的实习,从听课、评课、备课到上课再到课后反思,每一个步骤都充实而饱满,让我受益匪浅。

还记得第一次走进教室的那一天。那真是个特别的早晨,指导老师把我带进高一（4）班的教室,向同学们介绍说:"这是咱们学校新来的实习老师!"每个孩子脸上的表情都可以用一个词来形容:惊喜。而且每个人虽然没说话但都有一份真诚的期待传达给我,在那样寒冷的天气里,这像是一簇火种,使我也燃烧起来了。我的自我介绍紧张而又兴奋,不记得自己说了什么,但是我很期待可以跟他们成为朋友,能够取得他们的信任。

接下来的两周,听了包括我的指导老师在内的四位老师的课,领略了他们各不相同的教学风格,也猛然发现,实习生就是实习生,没有经过教学岗位的洗礼,许多想法都是幼稚可笑的,相互学习真的很重要。李云峰老师是我的指导老师,是年级组年纪最大但教学态度最认真的老师,也是洛南中学唯一的特级教师,我很敬佩他。听了他许多节课之后发现,他是个才华横溢的、和蔼的老教师,出口成章,做个七绝七律随口就来,古典文学知识扎实深厚,让我自愧弗如。很多学习方法、写作方法他都总结成一首小诗,上口又好记,这点我不但得慢慢学,而且还差得远呢。董老师的课是我特别喜欢的,一开始因为口音问题,我很少去听他的课,后来的一节诗歌鉴赏课吸引了我。他的课让我如醍醐灌顶,一下子明白过来,就好像隔着的那层窗纸被捅破了一样,于是从那以后只要有时间我就去听董老师的课。渐渐地发觉,他的教法很灵活,语言也很幽默和独特,深受学生们的喜爱。后来到我自己上课的时候,有时运用董老师的方法的确反应不错,这对我来说真是一大进步,本来我对古代文学教学心里没有多少底的,但之后便有一些自信了。

在我自己上课的过程中,我深刻地体悟到了教学反思的重要性。我上的第一节课就是公开课,是鲁迅的名篇《祝福》。两个课时我备课用了快两个星期时间,很怕自己的第一次上岗会出现大纰漏。站在讲台上的那一刻,看到教室后面坐着那么多老师,我紧张得要命,声音都有些颤抖了,不过还好,学生们很配合我,气氛也比较活跃,提前准备的内容基本都讲到了,但是第一次上课心里还是比较没底的,而且最大的问题就是把握不好时间。利用课间的时间,我向李老师和董老师请教,两位老师为我指出了内容结构安排的问题以及语音语调方面需要注意的地方。第二节我在另一个班调整了一下授课内容,果然效果更好了。接下来的几天里,每次上课我都要跟老师谈一谈教学思路和反馈情况,这给了我很大的帮助。

在这个有着24个班的高一年级组,我差不多给10个以上的班上过课,见识到了各种学生,普通班、艺术班、体育班的学生各不相同。相比之下我还是更喜欢自己带的两个班,那些学生给我的感觉是活泼不失沉稳,很知道感恩,这让我很感动。

平时除了课堂上以及私下里在宿舍与学生交流之外，我很重视在批改作业和作文时跟学生作书面上的交流。我觉得这是个很好的平台，我和学生可以很真诚地进行交流。我一直相信"文如其人"这个观点，那些质朴的文字，让我更加了解了来自山区的孩子们内心的感受和想法。那些语言，有的犀利透彻，有的沉稳淡雅，也有的成熟稳健，我能够读出他们内心的渴望和向往。记得离开那里之后读孩子们写给我的话，其中有个小姑娘对我说，她会一直记得我在作文评语里给她的鼓励和欣赏，她原本自卑的心现在充满了自信。我知道，我并不是什么救世主，在这里我能做的就是让每一个学生都能发现自己的优点，认清自己，认清现实，努力地去走自己的路，大山和并不便利的交通是阻挡不了希望和理想的，希望他们能够相信自己。走在学校里，不时会碰到一些学生，作为在贫困山区上学的孩子，腼腆是他们特有的表情。但是他们向我问好时的那种真诚和尊敬还是让我非常感动的，更让我感觉到做老师是一件很幸福很自豪的事。

我们在洛中度过了很难忘的儿童节和端午节。那些孩子在我的眼里就像是我的弟弟妹妹，很单纯很友好。不论年龄怎样，都还是孩子，所以在儿童节那天我买了棒棒糖去班里分给他们。发糖的感觉很奇妙，看着孩子们的脸，感觉每个人都像天使一样。他们笑着说"谢谢老师"，一颗小小的糖换来了他们纯真的微笑。高一(4)班的孩子还唱起了歌，拉着我表演节目，恍然间感觉好像是我要走了，他们给我开欢送会一样，很温馨，很融洽。晚上有个小姑娘来给我送饮料和信，我躺下来看着那封信，又一次感觉到他们心灵的小溪在静静地流淌。

实习进行得很顺利，跟孩子们的朝夕相处让我们之间的感情很深厚，除了给他们解答问题，有时候还会给他们谈谈性格的形成以及学习方法的养成等内容，鼓励他们尽量大胆地表达自己的思想，告诉他们交流是一个很重要的手段，可以让别人了解你，同时也可以在别人身上学到很多被自己忽略了的知识。

在讲课中，我深切地感受到，作为语文教师要全面发展自己的技能，这样不光有利于教学，同时也可以感染学生，使他们更加自主地去学习。比如在上《雷雨》这一课时，我给学生们放了我在大学里参加陕西省大学生艺术节比赛时的视频，刚好是课文节选的这一段。学生们很兴奋，同时也用钦佩的目光看着我，表示要向我学习，好好地去揣摩人物的性格和心理。果然大家在后面的分角色朗读环节都取得了明显的进步，我在教学上也就更有信心了。另外，我还指导了几个学生参加市里的演讲比赛，在学生综合能力培养方面积累了不少经验，这会更加有助于我教学能力的培养和改进。我想我理解"教学相长"是什么意思了。

实习快结束的那段时间，我生了几次病，很少去班级了，我很想念他们，但同时我清醒地知道，我只是他们的过客。

离开的那个清晨，很难忘，很不舍。他们是我带的真正意义上的第一批学生。我对他们花了那么多的心血，彼此之间有了那么深的感情，这个学校教给了我很多上学时学不到的东西，锻炼了我很多技能，半年的实习时光，我过得非常充实。离开洛中了，许多的不舍，许多的留恋，也有些许的遗憾，所有的这些都是我成长的脚印，我要把它们踩得更深。

二、教育实习成绩的评定

在教育实习的过程中和结束后，实习基地及校方（院系）将会对实习生的实习状况予以评价，并根据量化指标形成实习成绩。这一做法能够清晰明了地掌握实习生实习的基本状况、存在的问题以及要提高的地方等。教育实习成绩评定可分为组内互评、实习生实习成绩最终评定等环节进行。

1. 组内互评

组内互评，即指实习组内的实习生之间进行互评，由带队指导教师和实习基地指导教师指导互评。

评价原则方面，要充分考虑实习基地的教学要求和新课标要求，对实习生形成客观多样的评价，定性评价与定量评价相结合，

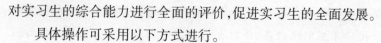

对实习生的综合能力进行全面的评价,促进实习生的全面发展。

具体操作可采用以下方式进行。

（1）实习生互相听课评课

组内实习生之间的互相听课和评课是一个非常重要的学习和积累的过程。尤其是各学科之间的交叉听课,虽然涉猎的专业和方向不尽相同,但是学科间的教学方法、教师教态是相通的。在这个过程中,实习生通过相互观察和学习可以达到彼此间取长补短的效果。同时,经过组内其他实习生的指点,试讲实习生的缺点和不足也能够得到快速的改正。

实习生在听课的过程中,要填写好听课记录。评价的角度可以从教学内容设计、教师教态、教学方法、学生反馈、课堂效果等几方面来选择。教学内容设计方面:是否抓住教学目标进行设计;教学重难点是否清晰;是否能够组织适当的学生活动,使之形成合作性学习或探究式学习;课堂的导入部分是否新颖或是能为学生创设一种情境,从而使学生快速地进入课文内容。教师教态方面:教态是指课堂教学中教师的表情、姿态、手势、动作、仪表和装束等,要求实习生做到教态自然,具有亲和力,仪表大方,穿着得体,在课堂讲授过程中配以适当的肢体语言以辅助教学等。教学方法方面:要求实习生能够综合运用多种教学方法,将传统授课方式与多媒体授课相结合,力求获得最佳的教学效果,与学生的互动和交流也是非常重要的,不能满足于用单纯的问答形式来组织课堂活动。评价时要注意以下几点:实习生能否最大限度地调动学生的积极性;实习生的课堂应变能力如何,能否对学生的回答给予恰当的评价和进一步的启发;课堂气氛是否活跃;师生间交流是否有效;是否有助于学生的思维发散和能力提高等等。

（2）召开教学研讨会,进行教学反思及评价

各专业班组之间定期召开教学研讨会,探讨教学方法,开展教学反思。在实习过程中,对实习的评价是要涉入平时的各个方面的。在教学研讨会中,面对相同的问题,不同的教师会有不同的处理方式,通过相互交流和沟通,可以打开思路,并且随时随地使问题得以解决。也许某一节课的某个环节处理或者某种解决学生间矛盾的方式都能够对实习生有所启发。

2.实习成绩评定

（1）实习成绩评定的步骤

在实习成绩评定的准备阶段,需要实习生提交实习过程中的一节汇报课的教学设计、教学课件、实习总结报告、应聘某校某科教师的演讲稿等材料;在评定阶段,由各学院教育实习评定委员会及专家评委召开教学实习成绩评定会议,根据具体实习情况和上交的材料对实习生的实习成绩进行评定;最后,汇总成表,发布成绩。具体来说,要经过如下几个步骤:

①个人鉴定:实习生本人根据自己在实习过程中的表现和感受,按照评定标准进行自我鉴定。

②小组评定:以实习小组为单位,在实习生个人鉴定的基础上,结合实习生实习全过程的表现,对其进行小组评定。

③指导教师评定:实习学校指导教师和所在院系的指导教师,根据实习生实习全过程的表现,按照评分标准进行评分,写出评语,并且填写"教育实习成绩评定表"。

④实习学校评定:实习学校对每名实习生的综合能力给出评语,填入"教育实习成绩评定表"。

⑤院系教育实习领导小组评定:根据以上评定结果,结合实习生在校试讲成绩,以及在实习学校各项工作中的实际表现,评定实习生最终的实习成绩,并填入"教育实习成绩评定表"。

（2）实习成绩的评定标准

实习成绩的评定标准主要是针对两方面进行设计的:教学实践方面和教育管理方面。

在教学实践方面分为优秀、良好、中等、及格和不及格五个等级,评价标准如下。

优秀:

①努力钻研课程标准和教材,认真备课,能独立写出质量较高的教案,在备课和课堂讲授的过程中,逐步提高,进步显著。

②教学目的明确,对教材能正确理解,熟练掌握,能结合教材特点和学生的情况,恰当地贯彻教学原则,灵活运用教学方法,教态自然,语言清楚准确,板书工整规范,能较好地运用普通话进行

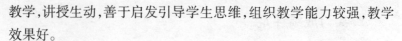

教学,讲授生动,善于启发引导学生思维,组织教学能力较强,教学效果好。

③认真批改作业和进行必要的课外辅导,对不同程度的学生,能区别情况,因材施教。

④评议会上能作出全面深刻的自我分析和帮助别人分析,虚心听取和接受别人的意见,并能迅速改进,提高教学质量。

良好:

①努力钻研课程标准和教材,认真备课,能按时写出较完善的教案,在备课和课堂讲授过程中能逐步提高。

②教学目的明确,掌握教材比较熟练,讲授内容正确无误,教态自然,板书清楚准确,能用普通话进行教学,能达到教学目的,教学效果较好。

③批改作业认真,并能主动进行课外辅导。

④评议会上能认真地作自我分析和帮助别人分析,能听取别人的意见。

中等:

①能钻研课程标准和教材,在指导教师稍加指点的情况下能写出较完备的教案,备课下了一定工夫。

②教学目的明确,掌握教材较熟练,教态比较自然,语言、板书比较清楚、准确,教学效果一般。

③能比较认真地批改作业和进行课外辅导。

④评议会上能比较认真地作自我分析,也能接受别人意见,但不善于帮助别人分析。

及格:

①备课尚努力,但钻研教材不够深入,独立工作能力较差,在指导教师帮助较多的情况下尚能按时完成教案。

②能基本上达到教学目的和要求,讲授基本正确,但内容不够充实或取舍不够恰当,语言不够流畅,表达能力不够强,教学方法上有一些缺点,教学效果较差。

③能批改作业和进行课外辅导,但做得较差。

④评议会上自我分析和帮助别人分析都不够深入,接受别人意见不够虚心,教学改进不明显。

不及格:

①备课不认真,不能正确理解教材内容,经过较多的帮助,仍

写不出完整的教案。

②教学目的不明确，讲授中有较多原则性、知识性错误，教学效果差。

③不会批改作业，不会课外辅导。

④评议会上自我分析和帮助别人分析抓不住重点，接受别人意见不虚心，教学无改进。

在教育管理方面，同样有优秀、良好、中等、及格和不及格五个等级，具体标准如下。

优秀：

①坚决贯彻教学实践与教育管理并重的原则，积极搞好实习班主任工作。

②工作积极主动，认真负责，热爱学生，关心学生，对学生全面负责，且能严格要求自己，以身作则，给学生以良好影响。

③善于深入学生之中，认真搞好调查研究。从实际出发，能根据青少年的特点，采取生动、活泼、有效的方式对学生进行思想教育，独立工作能力强，教育效果好。

④虚心学习，具有团结合作精神。

良好：

①能贯彻教学实践与教育管理并重的原则，努力搞好实习班主任工作。

②工作积极认真，关心学生，爱护学生，尚能以身作则，严格要求自己，对学生有较好的影响。

③能深入学生之中调查研究，从实际出发，根据青少年特点，采取较好的方法对学生进行思想教育，独立工作能力较强，教育效果较好。

④学习比较虚心，团结合作较好。

中等：

①基本上能贯彻教学实践与教育管理并重的原则，对实习班主任工作比较积极。

②工作比较努力，完成实习班主任工作比较顺利。

③尚能深入学生之中调查研究，关心、爱护学生，能对学生做思想政治工作，有一定工作能力。

④学习比较虚心，尚能团结合作。

及格：

①对教学实践与教育管理并重的原则缺乏正确的理解，对实

习班主任工作不很重视。

②主观努力不够,工作不很主动,对学生虽无不良影响但以身作则不够,对自己要求不够严格。

③深入学生之中调查研究不够,做学生思想工作不够耐心,方法比较简单,独立工作能力不够强,教育效果一般。

④虚心学习、团结合作不够。

不及格:

①没有认真贯彻教学实践与教育管理并重的原则,对实习班主任工作不重视。

②工作不努力,对学生不关心,对自己要求不严格,在学生中有不良影响。

③在教育管理学生中有错误,不会做学生思想工作,独立工作能力差,教育效果不好。

④不虚心学习,不注意团结合作。

⑤在实习过程中违反实习纪律和有关规定,受到学校纪律处分。

(3)实习成绩评定表格

实习成绩评定表格主要由两部分组成。一部分来自于实习基地的评价,分为教师评价和学生评价两部分,主要是从教学实践和教育管理两方面对实习生进行评定;另一部分来自于带队教师和所在学院的评价,主要是依据教学实践成果和材料对实习生进行评定。

教育实习结束前,先由实习基地的师生对实习生的教学实践与教育管理作出成绩评定,汇总后为实习生填写"教育实习成绩评定表"。

教学实践方面的评定是指在每一个实习生讲课完毕并召开小组评议会后,经带队教师和指导教师协商,为实习生写出评语,评定成绩,每一组试教完毕,进行一次复评,最后由实习学校指导教师签字。

见习班主任实习成绩是经原任班主任与指导教师协商写出评语,评定成绩,最后由原任班主任签字。

教学实践和教育管理两项的成绩和评语,均应参考实习生的平时表现、实习总结报告和最终教学成果进行评定,经实习学校领导和实习小组组长签署意见后,再经学院教育实习领导小组复评,以复评成绩为最终成绩,并由主管教学院长审核决定。

下面的表1是"教育实习成绩评定表",仅供参考。

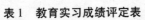

表1　教育实习成绩评定表

院　系		姓　名		专　业	
实习单位		实习时间		实习总成绩 (满分100分)	
教学实践部分	实习班级		指导教师		得分(满分50分)
	自我评定				
	指导教师评定(综合评价,有哪些优点和不足) 指导教师签名: 年　月　日				
	教学实践评定等级				
教育管理部分	实习班级		指导班主任		得分(满分30)
	自我评定(出勤情况,班会组织情况,与学校教师、学生及家长之间的沟通等方面)				
	指导班主任评定 指导班主任签名: 年　月　日				
基础教育调查研究	题　目			得分(满分20分)	
	评　语 实习学校指导教师签名: 年　月　日				
综合表现	带队教师评价意见 带队教师签名: 年　月　日				
实习学校教育实习领导小组审核意见	负责人签名(公章): 年月日		学院教育实习领导小组审核意见	负责人签名(公章): 年月日	

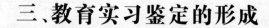

三、教育实习鉴定的形成

在对教育实习进行评价时,教育实习的组织和管理者不仅要对实习生进行量化的成绩评定,还要为每名实习生进行教育实习鉴定。教育实习鉴定是对实习生整个教育实习过程进行的总结评价,为实习生指出其在实习过程中的优缺点,促使他们进行自我反思,取得更大的进步。教育实习鉴定一般由实习指导教师、实习学校和实习带队教师共同完成。由于在教育实习过程中各自的工作侧重点不同,实习指导教师、实习学校和实习带队教师将从不同的角度和方面完成对实习生的实习鉴定。

1. 指导教师

在教育实习过程中,教育实习的指导教师就教学技能、班主任工作、教育调查研究等多方面问题与实习生进行着沟通与交流,他们不仅是实习生在实践过程中的重要指导者和帮助者,同时也是实习生教育实习最直接的参与者和观察者。实习指导教师能够为教育实习提供较为全面、客观和准确的实习鉴定,因此,指导教师是教育实习最重要的鉴定者。指导教师主要根据实习生在教学实习和班主任工作实习两个方面的表现对其教育实习作出鉴定。

(1)教学实习

教学实习是教育实习的核心组成部分,教学技能是作为一名教师最基本最重要的技能。对实习生教学实习能力的鉴定可以从教学态度、教学内容、教学方法、教学基本功和教学效果几个方面来形成(参见表2):

表2　教学实习鉴定内容表

项　目	序号	内　容
教学态度	1	是否有端正的实习态度,在教学实习过程中虚心学习,勤奋工作
	2	教学目标是否明确,是否能够进行新颖独特的教学设计
	3	是否能够认真听课,做好听课笔记
	4	是否能够认真、及时批改作业,并作出适宜的评价,能够耐心辅导、答疑,因材施教
	5	是否能够严于律己,及时进行教学反思,虚心听取意见并积极改正
	6	是否能够积极地参与评课,勇于发表自己的见解
教学内容	1	是否能够针对具体的学情,积极认真地备课,为开展多层次、全方位的课堂教学作好充分的准备
	2	教学内容是否系统、完整、充实、科学、新颖,达到大纲要求,并且难易结合,重点突出
	3	教学内容是否有利于学生形成正确的人生观和价值观
	4	是否能够理论联系实际,有利于学生的发展
教学方法	1	讲授是否思路清楚、层次分明,逻辑性强
	2	是否能够针对学情,灵活运用多种教学方式,流畅自如地开展课堂教学
	3	是否能够启发学生的思维,激发学生的学习兴趣,培养学生的创新能力
	4	是否能够与学生展开积极的互动,并且能够较好地应对课堂的突发问题
	5	是否能够善用各种教学辅助手段
	6	是否能够与学生、指导教师及其他教师展开有效合作,促进教学能力的提高
教学基本功	1	课堂教学时是否声音洪亮,教态良好
	2	语言表达是否准确、生动、清晰、流畅,普通话标准
	3	是否能够掌握说课的基本要求和方法技巧
	4	板书是否整齐、清晰、简洁、明了
教学效果	1	讲授是否具有吸引力,学生听课情绪良好,注意力集中,积极思考、发言,课堂气氛活跃
	2	是否能够达到预期的教学目标和教学效果,学生在课堂上能有所收获,掌握课堂内容和必备技能
	3	学生是否对实习生的教学感到满意

（2）班主任工作实习

班主任工作技能是教师的必备技能之一,班主任工作实习是教育实习的重要组成部分。指导教师对实习生班主任工作实习的鉴定可以参考以下几个方面来形成(参见表3):

表3　班主任工作实习鉴定内容

1	是否能够积极主动地了解班级情况,制订班级工作计划
2	是否能够按时出勤,协助班主任进行跟班管理,组织学生有序学习
3	是否能够为人师表,在学生中树立威信
4	是否能够与班级学生和任课教师和睦相处
5	是否能够合理安排、有效组织班级活动,如主题班会等
6	是否能够积极帮助班级提高集体凝聚力
7	是否能够及时发现学生在学习和生活中的问题,并及时帮助他们解决问题
8	是否能够积极地与学生进行有效的沟通和交流,了解学生的心理,并能够有针对性地对重点学生进行教育和心理辅导
9	是否能够协调好学生之间以及学生和各任课教师之间的关系
10	是否能够就学生的学习生活问题,选择合理的方式与任课教师及学生家长进行沟通
11	是否能够主动了解学校管理的层级结构和运行机制

2. 实习学校

实习学校不仅是实习生教育实习环境的提供者,同时也是实习生教育实习的观察者和重要的评价者,实习学校对实习生的意见和评价在一定程度上代表了教育实习生未来所要面对的招聘方对应聘人员的要求。因此,实习学校的评价对于实习生来说是至关重要的,它对于实习生参加求职应聘具有积极的借鉴作用。实习学校对实习生的教育实习的鉴定可以参考以下几个方面来形成(参见表4):

表4　实习学校鉴定内容表

1	是否能够遵守学校的规章制度,以一名在职教师的标准严格要求自己
2	是否能够积极配合、服从学校的实习工作安排
3	是否能够与他人进行良好的合作和沟通
4	是否能够向学生展现积极向上的教师形象

续表

5	是否具备扎实的专业功底
6	是否具备良好的教学技能和组织管理能力
7	是否具备高层次教学和进行教育科研的潜力

3. 带队教师

带队教师是实习生教育实习最直接的组织者和管理者,负责对教育实习进行组织、协调和监督。带队教师主要是根据实习生在实习态度、实习纪律、实习能力以及人际关系等多方面的表现,从整体上对实习生作出鉴定。带队教师对实习生的鉴定可以从以下几个方面来形成(参见表5):

表5　带队教师鉴定内容表

1	是否服从实习安排
2	对待实习工作是否认真踏实,不拈轻怕重
3	是否严格遵守实习制度,不迟到早退,不无故旷工
4	是否能够与其他实习生、在校教师以及学生保持融洽和谐的合作关系
5	是否能够严格遵守实习纪律,为人师表,在校期间展现大学生的良好风貌
6	是否在工作能力、学习态度、人际交往能力等方面得到了实习学校、指导教师或学生的好评
7	是否按时完成实习任务,如填写实习手册,完成教育实习调查报告等

最后,综合指导教师、实习学校和带队教师的评价意见,形成实习生的教育实习综合鉴定(参见表6):

表6　教育实习综合鉴定表

学　院		专　业		姓　名	
实习学校			实习时间		
教学工作实习	实习班级		指导教师		
	评　语			指导教师签名: 　年　月　日	
班主任工作见习	见习班级		指导班主任		
	评　语			指导班主任签名: 　年　月　日	

167

续表

基础教育调查研究	题目	
	评语	实习学校指导教师签名： 年　月　日
综合表现	评语	带队教师签名： 年　月　日

实习单位教育实习领导小组审核意见	负责人签名 （公章）： 年 月 日	学院教育实习领导小组审核意见	负责人签名 （公章）： 年 月 日

四、离开实习学校前的工作

教育实习结束之前,实习生有必要对实习成果进行统计和整理,对实习过程进行总结和反思。这样既使教育实习能够善始善终,为实习的总结和鉴定提供参考和依据,同时也为实习生进一步的学习和工作提供大量真实可贵的实践案例。

1. 教育实习成果统计

（1）教学实习情况统计

教案:份数、篇目

听课:次数、篇目

说课:次数、篇目

课堂教学:课时数、篇目、授课类型、授课班级

评课:次数、篇目

教学反思:次数、篇目

教学研讨会:参加次数、会议记录及专业论文份数

作业、试卷批改:次数

综合实践活动课:次数、课程类型

(2)班主任工作实习情况统计

任教班级、班级人数、基本情况、实习工作时间

班会:次数、主题、形式

班级集体活动:次数、主题、形式

学生访谈:班级、人数、性别比例、访谈次数

家访:对象、次数、访谈主题、访谈形式

(3)教育调查研究情况

研究题目、研究概况、调查问卷以及调查研究报告等

2. 教育实习资料整理

实习生应当在实习结束前几天,做好实习资料的整理和归类工作,以便为日后的学习、工作及科研等提供参考和案例。

(1)文字资料的整理

教育实习的文字资料主要包括:实习工作计划;听课记录;教案设计;说课稿;教学日志;教学反思;评课记录;班主任工作记录;班会及教研会的会议记录;学生访谈心得,家访体会等;个人实习总结;教育实习调查报告;实习生手册;其他文字资料。

教育实习的文字资料类型众多,内容丰富,因此,实习生一定要进行详细的分类、整理。可以利用档案袋或者文件夹,按照资料类型分别归类保存,并且写好标签,如材料袋(材料夹)内容、时间、整理者等。

(2)其他资料的整理

在教育实习的过程中,除了文字资料以外,可能还会产生一定数量的图像、影音资料,对于这些资料也要进行妥善保管。与文字资料相匹配的图像资料可以与文字资料一同保存。在条件允许的情况下,为了防止丢失,图像资料和影音资料可以通过刻录光盘或者上传网盘的方式保存。

3. 教学及班主任工作交接

(1)教学工作的交接

教学是一个完整而连贯的过程,实习生不仅要在实习开始时尽快融入教学过程,而且在实习结束时也要与原任课教师做好交接工作,使原授课内容与实习授课内容保持自然连贯,衔接紧凑,

以保证在不同教师授课的情况下,学生的学习生活能够正常进行。教学工作的交接内容主要包括:实习生在实习期间的授课进度;学生掌握知识的整体情况;批改作业的情况;发现的新方法或新问题等。

（2）班主任工作的交接

在实习即将结束时,实习生不但要与原任课教师进行教学工作的交接,还要与原任班主任进行班主任工作的交接,以保证班级管理工作有序、连贯地进行。班主任工作的交接内容主要包括:班主任工作计划实施的情况和结果;实习期间班级的基本情况,例如班级学生的思想、学习、纪律、卫生等方面;实习期间的班会情况及课外集体活动情况;学生访谈情况;家访情况;实习期间发现的问题;对于班级管理方面的意见和建议等。

4. 其他工作的交接

教育实习是多方面的实践活动,因此,在做好教学及班主任工作的同时,也要做好与学校其他部门的交接工作。

（1）实习物品的交接工作

实习期间借用实习学校的桌椅、图书、教具、清洁工具等要清点并归还,对于损坏和丢失的物品要进行赔偿。

（2）结算实习账目

由实习小组长或实习带队教师负责统计实习经费,然后与高校或实习学校的相关负责人进行结算。

（3）卫生清洁工作

实习生离开实习学校时,要把实习生办公室、实习生宿舍等场所一一打扫干净。

值得注意的是,实习结束时的交接工作是琐碎而繁多的。因此,作为实习生一定要有耐心,工作要做得细致,做到善始善终,在离开实习学校的时候,要给在校师生留下良好的印象。这不仅是作为一名大学生应有的素质,同时也是为实习生所在高校与该实习学校长远、深入地展开合作奠定良好的基础。

5. 与实习学校师生告别

教育实习过程既是实习生学习和实践的过程,也是实习生与实习学校学生、教师和校领导相互交往的过程。在实习过程中,实习生会与实习学校的师生建立起深厚的情谊。因此,在实习即将结束的时候,实习生有必要采取一定的形式与实习学校师生告别,以表达惜别之情。

(1)告别词

告别词是最常见的一种告别方式,是实习生本人或实习小组代表面向实习班级或全校师生进行的口头致辞。

【告别词示例】

亲爱的老师们、同学们:

时光荏苒,岁月匆匆,快乐的时光总是短暂的,我为期一个学期的教育实习生活即将画上句号。它如一缕清风,带着馥郁的芬芳,轻轻飘过,既充实了我的心灵,又使我开阔了眼界,提高了技能。在此,真诚地感谢在实习期间给予我诸多帮助和支持的老师们和积极配合我进行教学实践的可爱的同学们!

我还清楚地记得第一次与同学们见面的场景,那一张张朝气蓬勃的脸庞,一双双充满真诚而又带着好奇的眼睛深深地震撼着我的心灵,使我意识到我即将走向的职业是多么的神圣,而肩头的责任又是多么的重大。

从第一次走上讲台的紧张与青涩,到实习结束时的有条不紊,虽然只是教学技能迈出的一小步,却是我在教师这条职业道路上前进的一大步,而这一切都离不开亲爱的老师和同学们对我的鼓励与支持。

一个学期的时间很长,长得我能清楚地叫出你们每个人的名字,长得我们彼此之间留下了那么多美好的回忆。一个学期的时间又是那么的短暂,短得我那满腔的激情还没有为你们尽情挥洒便要说再见。在我实习的这些日子里,我可爱的同学们,你们的青春叛逆重燃了我久违的激情,你们的纯洁真挚使我饱尝了幸福的感动,也更坚定了我的信念,我多彩的梦想在这里因为你们而更加绚烂。

也许,我只是你们人生中的匆匆过客,而你们却是我生命中的永恒。老师们的谆谆教导和同学们的天真活泼将永远铭刻在我的脑海。最后,再次向各位老师、同学表示我深深的感谢! 祝愿老师们工作顺利,身体健康! 祝愿同学们能够勤奋努力,收获你们美好的明天!

实习生:×××
年　月　日

（2）感谢信

实习学校不仅为实习生提供了良好的实习环境，而且学校领导、实习指导教师以及学校其他部门的工作人员也都为实习生教育实习的顺利展开提供了诸多的帮助和支持，因此，实习生在离开实习学校之前，有必要以全体实习生的名义向学校致感谢信。

【感谢信示例】

感谢信

尊敬的_____学校领导、老师和全体同学：

你们好！

_____大学_____届实习生在贵校的教育实习即将结束，在此临别之际，请接受我们深深的敬意和诚挚的感谢！感谢贵校领导和指导教师对我们的关怀照顾和悉心指导，以及全体同学的支持与配合。

教育实习期间，不但贵校独特的育人理念，优良的学风校风，对学生高度负责的精神和教学取得的成就让我们敬佩，而且我们也深刻体会到了老师们为人师表的高尚风貌，刻苦的工作风格，精湛的教学技艺，崇高的敬业精神，以及博大的爱生情怀。

感谢贵校领导为我们提供了优越的实习条件，对我们的教育实习给予了极大的支持和鼓励。我们一到学校，贵校就针对我们每名实习生的专业，分配专业教研组，精心安排实习指导教师和实习班级，并为我们提供了实习生办公室和必要的办公用品，这一切都为我们之后教育实习的顺利开展提供了可靠的保障。贵校的支持，使得我们倍受鼓舞，让我们在实习的过程中尽情地挥洒激情，充分地锻炼自己的教学技能，体现了自身价值。

感谢敬爱的老师们，是你们的真诚与热情，消减了我们初来乍到的窘迫，是你们的悉心指导，使我们得到了书本上不曾有的宝贵经验，在教学技能上取得了很大进步，也使我们更好地懂得了如何做人、做事，如何面对困难、解决困难，如何在今后的工作中为每个学生的终身幸福奠基。你们的言传身教，让我们真正理解了"学高为师，身正为范"的含义，更让我们深刻领悟到"愿将心血化春雨，随风潜入育桃李"的教育精魂。

感谢同学们始终积极地配合我们的各项实习工作，给予了我们莫大的支持，使我们能够圆满地完成实习任务。同学们朝气蓬勃的精神风貌和刻苦踏实的治学精神给我们留下了极为深刻的印象,同时,也督促着我们更加努力地提高自身素质,以能够胜任未来的工作。与同学们朝夕相处的那些快乐时光将是我们一生珍藏的记忆!

　　×周的实习是短暂而精彩的,这一段难忘的实习生活是我们迈向社会的第一步,更是我们人生的宝贵财富。如今我们满载而归,寥寥数语,难以表达我们心中的不舍与感激。再次衷心地感谢贵校领导、老师和同学们为我们实习生所提供的一切!

　　祝贵校全体老师身体健康,工作顺利,家庭幸福!

　　祝贵校全体学生身体健康,学有所成!

　　祝贵校教育事业蒸蒸日上!

　　此致

敬礼!

　　　　　　　　　　　　　　____大学____届全体实习生

　　　　　　　　　　　　　　　　　年　月　日

　　(3)实习告别会

　　教育实习结束后,实习学校一般会主持召开实习告别会,这个会议既是对实习生教育实习的总结,也是实习学校对实习生的欢送和告别。参加会议的人员由全体实习生、指导教师、带队教师、实习学校领导和高校相关领导组成。在实习告别会上,实习生代表进行教育实习总结发言,宣读实习生感谢信。同时,大家就实习的心得和体会进行交流,实习学校教师代表对实习生的情况进行总结评价,指出实习的问题和对实习生的期盼等。最后,实习学校领导和高校相关领导进行总结发言,并且双方交换纪念品。

五、返校后的反思和提升

　　实习生离开实习学校后,并不意味着教育实习的结束。一般情况下,教育实习期都会留出一至两周的时间让实习生对教育实习过程进行整理、总结和反思。这一阶段也是教育实习的最后一个环节,实习生要在此阶段对整个教育实习过程进行深刻的反思和自我总结评价,使自己得到多方面的提升。

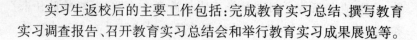

实习生返校后的主要工作包括:完成教育实习总结、撰写教育实习调查报告、召开教育实习总结会和举行教育实习成果展览等。

1.完成教育实习总结

美国心理学家波斯纳提出教师成长的公式:成长 = 经验 + 反思。教育实习总结是实习生个人对教育实习的总结反思,它能帮助实习生在以后的工作和学习中更好地提升和进步。实习生对此一定要高度重视,认真完成实习总结,并请实习指导教师给予批评和指正。

2.撰写教育实习调查报告

撰写教育实习调查报告是教育实习的必要环节,也是师范生进行教育科学研究的好机会。实习生需要在教育实习之前掌握一定的教育科学研究方法,在教育实习的过程中,细心观察,发现学生在学习、生活,或者是学校教育、教师教育等方面的问题,选择具有科研价值的题目进行调查研究。在这些工作过程中可以寻求高校教师和中学教师的帮助,以及实习学校的支持。

对于调查结果,要秉承科学严谨的态度进行分析研究,并结合实习期间的观察和感受进行深入的反思,总结问题的症结所在,提出高效可行的解决问题的办法,完成具有现实指导意义的调查报告,以此引起相关教师和教育管理者的思考。

3.召开教育实习总结会

返校后召开教育实习总结会,既是对整个教育实习的总结和反思,也是一次师生、生生之间相互交流和观摩学习的好机会。在实习总结会上,实习生代表就教育实习期间的观察和感受、提高与收获进行发言。学校领导、实习指导教师和实习带队教师也发表感想,对教育实习提出建议,以便更好地指导日后的教育实习工作。同时,对在教育实习中表现突出的先进个人和集体给予表彰。

4.举行教育实习成果展览

教育实习成果展览是以图片、文字、音像、PPT等形式全面展现实习生的教育实习生活,并配以教案、说课稿、评课记录、听课记录等实物的展览。教育实习成果展览既是一次实习生教育实习的总结汇报和经验交流,也是低年级同学进行学习的好机会,能够为他们以后的教育实习提供行动的模范,使他们增加必要的心理准备。同时,教育实习成果展览也能够为学校的教育管理者提供新思路和决策的参考。总之,教育实习成果展览是教育实习尾声阶段一个十分重要的环节,因此,对整个展览的过程要进行详细的计划安排,以确保其顺利、圆满地举行。

(1)教育实习成果展览的准备阶段

这一阶段是任务最重、工作最为烦琐的一个阶段,组织人员要对其进行周密的安排和计划,人员分工要明确,在工作中要相互配合,"良好的开端是成功的一半",因此,细致周全的准备工作是教育实习成果展览顺利开展的重要保证。经实习生、教师以及相关领导协商可以制订出"××学院教育实习成果展览实施方案",为整个展览过程提供行动的依据和准则,以确保各项工作能够有序地进行。

准备阶段的主要工作包括:确定举行教育实习展览的时间、地点;会场相关材料的采购和会场的布置、协调工作;展览期间的摄影、摄像和文字工作等;确定展览讲解人员名单和展览期间的展务工作人员;确定参展项目和活动分区,并制订各分区的具体活动实施方案。例如:在教案展示分区,对所展示教案的数量、类型及展示的方式等都要进行细致的安排;组织相关专业的教师负责实习资料的提供与回收,对各类实习活动资料进行筛选与分类;充分利用各类传媒资源,宣传教育实习展览工作,如在校园内摆放展板,在校园网上发布公告,在校广播站进行广播等,在条件允许的情况下,还可以邀请地方媒体进行公开报道等等。

(2)教育实习成果展览的开展阶段

这一阶段的主要工作是保证展览按照设计好的流程有序地进行。

展览开展期间的主要工作包括:展览现场的摄影、摄像工作;观众的接待工作,如展区引导和展品讲解等;展览现场的协调工作,如维持现场秩序和其他现场人员、物品的协调工作等;展览现场的访问和调查工作,如老师和同学提出的建议,以及观展的感受等;其他展务工作。

(3)教育实习成果展览的收尾阶段

这一阶段也是教育实习成果展览的最后一个阶段。要做到善始善终,使教育实习成果展览圆满结束,必须做好最后的收尾、总结工作。

收尾阶段的主要工作有:清点展品,交还给展览资料的提供者;清点教育实习展览所用的其他相关物品、资料并归还或妥善保存;回收校园展板等宣传物品;清扫展会现场,归还教室;整理、编辑展览现场的影音资料,妥善保存;整理展览现场的访问和调查结果,撰写教育成果展小结,对教育实习成果展览工作进行概述,内容包括准备工作,人员分工,展览情况,展览效果,同学和老师们的观展感想,展览是否达到预期效果,以及对参加举办展览的老师、同学等相关工作人员表示感谢等。

参考文献

[1]钟启泉,崔允漷,吴刚平编.普通高中新课程方案导读.上海:华东师范大学出版社,2003.

[2]朱慕菊主编.走进新课程——与课程实施者对话.北京:北京师范大学出版社,2002.

[3]陈玉秋主编.语文课程与教学论.南宁:广西师范大学出版社,2004.

[4]王松泉,韩雪屏,王相文主编.语文课程教学概论.北京:高等教育出版社,2007.

[5]李山林主编.语文课程与教学论案例教程.长沙:湖南师范大学出版社,2006.

[6]蔡伟主编.语文课程与教学研究.杭州:浙江大学出版社,2008.

[7]李景阳主编.语文教学论.西安:陕西师范大学出版社,2003.

[8]史建筑.走进名师课堂(高中语文).济南:山东人民出版社,2008.

[9]顾明远.思考教育.北京:首都师范大学出版社,2008.

[10]黄正平.班主任专业化论纲.南京:南京大学出版社,2009.

[11]刘铁芳.走向生活的教育哲学.长沙:湖南师范大学出版社,2005.

[12]魏书生.班主任工作漫谈.桂林:漓江出版社,2008.

[13]刘铁芳主编.重温古典教育传统.上海:华东师范大学出版社,2008.

[14]联合国教科文组织国际教育发展委员会编著.学会生存——教育世界的今天和明天.北京:教育科学出版社,2008.

[15]刘铁芳主编.现代教育的生命关怀.上海:华东师范大学出版社,2007.

[16][意]亚米契斯.爱的教育.夏丏尊,译.上海:上海三联书店,2008.

[17]田恒平主编.班主任理论与实务.北京:首都师范大学出版社,2007.

[18]万玮.班主任兵法.上海:华东师范大学出版社,2009.

[19]钱穆.论语新解.上海:生活·读书·新知三联书店,2005.

[20]陈瑞瑞主编.德育与班主任.北京:高等教育出版社,2004.

[21][苏]B.A.苏霍姆林斯基.给教师的建议.杜殿坤,编译.北京:教育科学出版社,1984.

[22]张万祥主编.给年轻班主任的建议.上海:华东师范大学出版社,2006.

[23]屠荣生,唐思群编著.师生沟通的艺术.北京:教育科学出版社,2001.

[24]涂光辉编著.班主任工作技能.长沙:湖南师范大学出版社,1996.

[25]甘霖主编.班主任工作技能训练.上海:华东师范大学出版社,1995.

[26]吴秀娟,陈子良.学生心理与班级管理.北京:中国科学技术出版社,1991.

[27]肖川.教育的智慧与真情.长沙:岳麓书社,2005.

[28]陈琦,刘儒德主编.教育心理学.北京:高等教育出版社,2005.

[29]教育部师范教育司组编.于漪与教育教学求索.北京:北京师范大学出版社,2006.

[30]赵才欣,韩艳梅等编著.如何备课.上海:华东师范大学出版社,2009.

[31]顾志跃等编著.如何评课.上海:华东师范大学出版社,2009.

[32]方贤忠编著.如何说课.上海:华东师范大学出版社,2008.

[33]张中原.语文教育实习.南京:江苏教育出版社,1991.

[34]周勇,赵宪宇主编.说课、听课与评课.北京:教育科学出版社,2004.

[35]肖川主编.名师备课经验.北京:教育科学出版社,2006.

[36]李廷科.《爱莲说》教学设计(说课稿).中学教学参考,2010(28).

[37]杨权应,郭华礼.《孔乙己》教学实录.语文教学通讯,2006(14).

后 记

本书是应陕西师范大学出版总社有限公司之约,依据陕西师范大学教务处策划的"学科教育实习指南丛书"的编写大纲及编写要求编写的语文教育实习指导书,供高等师范院校汉语言文学教育专业的学生进行教育实习时参考使用,旨在为实习生提供语文学科教育实习内容、程序、步骤、方法、技巧等方面的指导,亦可作为教育实习带队教师及实习学校相关教师指导实习工作时参考之用。

本书由马守君(陕西师范大学)担任主编,高玲(西安市第八十三中学)、贺卫东(陕西师范大学)二人担任副主编。本书具体纲目及内容构架由主编马守君提出并审查,然后由马守君、高玲、贾文娟、宋泽华、龚欢、那朝霞、丛晓妍、桑宁等分头执笔撰写,各专题执笔人员如下:

专题一:马守君

专题二:高 玲

专题三:贾文娟(陕西师范大学)(第一、二、五部分)

　　　　宋泽华(陕西师范大学)(第三、四部分)

专题四:那朝霞(陕西师范大学)(第一、二、三部分)

　　　　龚 欢(陕西师范大学)(第四部分)

专题五:龚 欢

专题六:丛晓妍(深圳实验学校)(第一、二部分)

　　　　桑 宁(珠海市湾仔中学)(第三、四、五部分)

初稿写成后,马守君主编对全部书稿进行了审核修改,龚欢、贾文娟二人参与了部分专题的审核修改工作。

本书在编写过程中,参阅、引用了国内已出版的相关专著、教材中的一些材料或观点,汲取了同行专家学者们的一些研究成果,书中实难全部列举标明,在此谨表衷心谢忱。

　　本书是集体智慧的结晶，凝聚了编写组成员大量的心血。由于编写人员经验不足，知识有限，加之编写时间极其紧迫，书中错误、不妥之处在所难免，恳请同行专家、实习生及其他读者批评指正，以便今后进一步修改和补充。

马守君

2012 年 2 月于陕西师范大学